财政政策与资产价格波动研究

——以金融危机为背景

CAIZHENG ZHENGCE YU ZICHAN JIAGE BODONG YANJIU

刘钊　著

山西出版传媒集团
山西经济出版社

图书在版编目(CIP)数据

财政政策与资产价格波动研究:以金融危机为背景 / 刘钊著.——太原:山西经济出版社, 2015.4

ISBN 978-7-80767-899-1

Ⅰ.①财… Ⅱ.①刘… Ⅲ.①财政政策—关系—资本市场—物价波动—研究 Ⅳ.①F811.0②F830.9

中国版本图书馆 CIP 数据核字(2015)第 092841 号

财政政策与资产价格波动研究:以金融危机为背景

著　　者:刘　钊
策 划 人:葛志强
责任编辑:任　冰
装帧设计:王耀斌

出 版 者:山西出版传媒集团·山西经济出版社
地　　址:太原市建设南路 21 号
邮　　编:030012
电　　话:0351-4922133(发行中心)
　　　　　0351-4922085(综合办)
E-mail:scb@sxjjcb.com(市场部)
　　　　zbs@sxjjcb.com(总编室)
网　　址:www.sxjjcb.com

经 销 者:山西出版传媒集团·山西经济出版社
承 印 者:山西科林印刷有限公司

开　　本:787mm×1092mm　1/16
印　　张:14.125
字　　数:200 千字
版　　次:2015 年 4 月第 1 版
印　　次:2015 年 9 月第 1 次印刷
书　　号:ISBN 978-7-80767-899-1
定　　价:36.00 元

contents

目录

abstract

摘要

资产价格波动现象是各个国家和地区广为关注的一个问题。面对资产价格波动，政府因政策措施不当而铸成大错的例子并不鲜见。在经济危机的非常时期，宏观经济调控政策尤其财政政策是否该针对资产价格波动做出反应是值得认真对待的重要议题。

本书的研究主题和重点是：基于金融危机期间政府进行宏观调控的角度，探讨财政政策该如何应对资产价格的剧烈波动，以最终实现促进总体经济健康持续稳定发展的政策目标。

本书就财政政策与资产价格波动之间的相互关系进行了深入研究。作为财政政策与资产价格异常波动之间关系的探索性研究，本书对于经济危机等非常时期我国财政政策的制定与实施，以及有效应对资产价格的剧烈波动、预防金融危机、促进经济稳定发展具有一定的参考意义。

本书观点简单鲜明：资产价格不宜作为我国财政政策调控的直接目标，但可考虑列作宏观经济调控政策所要关注的辅助目标，对资产价格的波动实施监测。除应关注财政政策对实体经济的直接影响外，政府部门还要综合考虑资产价格的波动对实体经济产生的间接影响。如果因实施财政政策而导致资产价格的变动过于剧烈，以至于影响实体经济的健康运行时，就应追根溯源分析财政政策实施和政策调整之所以导致资产价格出现剧烈波动的深层次原因，并且，要分别针对这些原因来考虑财政政策的调控方向与力度。在这个过程中，尤其要把握好调控资产价格的着力点，注重加强财政政策与货币政策的协调配合。

关键词：财政政策　股票　房地产　资产价格

1 绪论

1.1 研究背景与选题意义

1.1.1 研究背景

2008 年 9 月 15 日，拥有 158 年历史、曾被《商业周刊》评为美国最佳投资银行的华尔街第四大投资银行雷曼兄弟公司宣布申请破产保护。在此消息的影响下，美元与美国股指期货双双下跌。美国雷曼兄弟的破产肇始于美国房产次级抵押贷款危机(subprime crisis)。在全球金融系统密切关联的今天，雷曼兄弟的破产产生了多米诺骨牌效应，连带引起全球重要金融系统受到剧烈冲击，并最终形成了席卷全球经济、史无前例的金融危机。而作为市场的风向标，资产价格特别是房地产市场与股票市场价格首当其冲地受到这场金融海啸的影响和冲击。

就股票市场而言，在此次金融海啸的冲击下，全球范围内股票市场价格的下跌完全可以用“一泻千里”来形容。2008 年 9 月 15 日和 9 月 16 日连续两天里，雷曼兄弟的破产引发了全球股市的暴跌。其中，在股价暴跌的肇始地——纽约股市，9 月 15 日道琼斯工业平均指数暴跌 504.48 点，下跌幅度达到 4.42%，报收于 10917.51 点。这是自 2001 年“9·11”事件暴跌 (下跌 648.81 点) 之后的最大降幅。英国、巴西和俄罗斯的股票市场分别下跌

3.92%、7.59% 和 4.78%；9 月 15 日，日本、中国内地和中国香港等地的股票市场休市一天，16 日开盘后同时暴跌，分别下跌 4.95%、4.47% 和 5.44%；前一个交易日下跌 4.09% 的中国台湾地区股市 9 月 16 日又暴跌了 4.88%。

就房地产市场而言，随着美国次贷危机影响的悄然扩散，全球房地产市场的资产价格同样呈现出整体恶化的趋势。截至 2008 年 9 月底，危机的始作俑者美国的主要大城市房价相比较于 2006 年 6 月的最高点下跌了 21%，回落到 2004 年 5 月份的水平。2008 年 8 月 29 日，彭博全球房地产指数为 181.69 点，较 7 月 15 日的 194.3 点下跌了 6.49%；彭博欧洲房地产指数为 154.06 点，较 7 月 15 日的 169.2 点下跌了 8.95%；彭博亚太房地产指数为 182.86 点，较 7 月 15 日的 193.77 点下跌了 5.63%。

2008 年美国股票市场与房地产市场等资产价格大幅下挫的结果是使次贷危机的影响迅速从金融领域蔓延到实体经济领域，继而引发了对全球经济全面衰退的担忧。为了抵御史无前例的危机的蔓延和冲击，刺激经济增长，各个国家与地区纷纷出台了刺激性的宏观经济政策，其中，财政政策在刺激经济增长方面发挥了重要作用，给陷入危机泥潭的全球经济注入了“强心剂”，主要资产价格的下跌也得到有效缓解。

1.1.2 问题的提出

直观地看，各国政府财政政策的推出与资产价格下跌的缓解之间是相伴相随的；而从更深层次上看，以下两个问题值得我们深入研究和探讨：财政政策对缓解资产价格的下跌究竟产生了多大的影响？财政政策对于资产价格波动的影响的可持续性如何？

如果把视野放得更远一些，不难发现，在现代市场经济发展的历史进程中，每一次经济危机或金融危机的爆发往往同资产价格的大幅波动是紧密联系在一起的。而在危机发生的非常时期，围绕资产价格的下跌，政府是否应该出台刺激性的政策来救市，也是老生常谈但时谈时新的重要话题。而且，无论是支持方还是反对方都似乎能找出各自的理论根据，同样也会得到某个时期经济政策实践的有力佐证，但事实上，在某个时期占据优势的一方，往往难以彻底说服对方接受自己的观点。

在资产价格波动与政府宏观调控相关的议题中，有关货币政策与资产价格波动之间关系的文献资料频频出现，但探讨财政政策对资产价格影响的研究文献却不多见。即便在财政政策与资产价格波动关系的现有研究中，也依然存在着不少被忽略的空白地带，特别是在财政政策措施影响资产价格波动的实证研究方面还很缺乏。

因此，以 2008 年国际金融危机期间及后危机时代的现象为研究起点，结合财政政策在几次较大的经济危机或金融危机中的作用，在系统梳理财政政策实践的基础上进行理论推演和实证分析，进而研究探讨财政政策和资产价格波动之间的关系，将是一个非常实际且极具挑战性的重大课题。

本书试图回答以下几个主要问题：

财政政策是否会影响股票市场和房地产市场等资产价格?

财政政策影响资产价格的作用机制与路径是什么样的?

财政政策对资产价格波动的影响程度和可持续性是怎样的?

相关政府部门是否应该将资产价格纳入财政政策调控的目标体系内?

带着这几个问题，我们开始关于财政政策与资产价格波动的相关问题的研究。

1.1.3 选题意义

为了探究上述问题，本书就财政政策与资产价格波动之间的相互关系进行了深入研究。这一研究的意义主要有：

第一，探求财政政策与资产价格波动之间的作用机制，总结政府宏观政策调控中的实践经验和教训，有利于完善财政政策与资产价格波动的理论体系。

财政政策是社会各界普遍关注的议题，资产价格波动的研究同样是涵盖面极其广泛的议题。财政政策与资产价格波动的综合性与复杂性特点决定了其相关领域的研究是整个经济学中最困难、最具挑战性的议题之一。这是因为，在经济学的理论体系中财政政策主要涉及的是政府的宏观调控，属于宏观经济领域的问题。资产价格波动属于微观经济领域的问题，涉及的是市场供求关系的平衡。事实上，两者之间是相互影响、互相作用的。一方面，作为政府调控经济的主要手段，财政政策不仅影响到宏观经济的运行发展，而且对微观经济（包括上市公司、企业、自然人）的活动产生深远影响。另一方面，股票市场与房地产市场资产价格的走势也都能够分别通过宏观经济与微观经济渠道，反过来影响财政政策效应的发挥。因此，财政政策与资产价格的相关研究课题富有挑战性，但现阶段国内外学界无论在宏观经济领域还是在微观经济领域，对于财政政策如何影响资产价格波动的研究成果都十分有限，较为零散，没有形成体系。对二者之间相互影响的机制的研究则更为寥寥。

第二，作为财政政策与资产价格波动之间关系的探索性研究，本课题报告对于经济危机等非常时期财政政策的制定与实施，以及有效应对资产价格的剧烈波动、预防金融危机、促进经济稳定发展具有一定的现实意义。

当今世界，如何面对资产价格尤其是股票市场与房地产市场价格的大幅剧烈波动可能导致的金融恐慌及其对整体经济稳定发展的影响，是各国（地区）政府普遍面临的一大挑战。历史表明，无论是发达国家还是发展中国家，都经历了多个股票市场和房地产市场价格由泡沫兴起到泡沫破灭的显著周期。相伴着资产价格剧烈波动的过程及随后的泡沫破灭而生的，往往是金融危机与较长时期的经济衰退。其中，发生在主要工业国家的典型例子有美国、日本、英国、荷兰、瑞典和芬兰等。在新兴市场国家经历的四次主要危机（即 1982 ~ 1983 年的拉丁美洲危机，1994 ~ 1995 年的墨西哥金融危机，

1997 ~ 1998 年的东南亚金融危机和 1998 年的俄罗斯金融危机）中，资产价格泡沫同样是危机产生的主要症结所在。

在资产价格剧烈波动而导致金融或经济危机出现后，各国和地区的政府部门为维护经济稳定，纷纷出台扩张性财政政策等非常时期的救市措施。从这些政策的效应来看，既有失败的教训（如 20 世纪 80 年代日本政府泡沫经济期间的政策），也有较为成功的经验（如 20 世纪 80 年代美国在互联网泡沫危机时期的政策）。各国政府出台财政政策时常常处于两难境地，希望找到应对资产价格波动的良策。相比较于发达市场，中国股票市场与房地产市场发展的时间较短。虽然市场规模不断扩大，市场规范化程度不断提高，市场经济机制作用逐步发挥，但在新兴经济体、转型经济体和开放经济体的大背景下，我国股票市场与房地产市场在运行机制、法律制度、诚信文化、参与主体及监管体系等方面还存在很多问题。因此，探寻经济危机时期财政政策与资产价格波动之间的基本规律，正确认识财政政策的实施及其效应，对于政策制定者把握经济发展全局，优化宏观调控政策，具有相当重要的现实意义与实践价值。

1.2 财政政策与资产价格波动关系的研究文献综述

1.2.1 财政政策与股票价格的相关研究综述

股票市场是一国宏观经济的晴雨表，宏观经济政策的变动必然会通过股票市场价格的波动反映出来。对于货币政策与股票市场价格的关系，国内外学界已有大量的规范与实证研究成果。但大体上看，研究财政政策与股票市场价格波动之间相互关系的文献资料却不多，一些少之又少的研究文献也仅仅停留在逻辑推断与规范分析的层面，缺乏实证的检验。

Elton Gruber（1970）、Miller（1986）、Scholes（2002）等学者就课税对资本市场的影响进行了研究。研究结果表明，课税能够对金融资产收益、证券的价格、证券种类、证券交易的时机甚至于资本市场的所在地产生较大的影响。

Joseph Stiglitz（1989）认为，开征证券交易税是非常有益的政策手段，可以打击短期的投机交易，增强市场的稳定性。

Darrat（1990）基于加拿大数据资料的研究指出，财政政策对股票市场的收益起着决定性作用。

Green、Maggioni 和 Murinde（2000）分析了交易成本与股市无条件波动性交易成本与股票市场交易成本之间的关系。他们认为，资产价格的波动性与交易成本和市场条件相关性非常强，并建议将印花税作为调节股票市场的重要工具。

Van Araleetal（2003）提供证据支持财政政策与股票价格的关系。

Laopodis（2004）通过考察美国市场，用工业生产率和通货膨胀作为宏观经济环境的衡量指标，分析了宏观经济运行情况、财政政策以及股票收益性之间的关系，他认为不同年代宏观经济情况对股票市场的影响存在很大差异。在20世纪70年代和90年代两者呈先弱负相关关系，而在20世纪80年代则呈现出了正相关的关系；而股票市场与财政赤字之间则呈现出负相关关系。①

Arin,K.P.Mamun,A.和N.Purushothman(2009)利用日本、德国和美国三国税收、金融市场和产出的数据，分析了三者之间的关系，认为劳动力税与股票市场收益和产出呈负相关关系，相比劳动力税，间接税对股票市场能产生更大的影响作用。

Luca Agnello和Ricardo M.Sousa（2010）利用比利时、芬兰、法国、德国、意大利、荷兰、葡萄牙、西班牙、英国和美国这十个工业化国家的面板数据，研究分析了财政政策对于资产价格的影响，结论显示，财政政策在资产市场价格的波动中起到了重要作用，股票市场和房地产市场的资产价格之间由于反应时间的差异而不同步，财政政策的实施很难同时使这两个资产市场的价格波动达到稳定。② 相对于影响房地产价格相关因素的影响，股票市场动荡对于财政政策的影响更大。这表明，一般是股票价格的变化而不是房地产市场的价格变化影响了财政政策整顿的目标。

Basistha和Kurov（2008）研究当经济处于下行周期时，股票市场与财

① Dynamic Interactions Among Interest Rates, Stock Market, Inflation, and Real Economic Activity，http://papers.ssrn.com/sol3/papers.cfm?abstract_id=498326.

② Luca Agnello & Ricardo M. Sousaz：Fiscal Policy and Asset Prices，www.eeg.uminho.pt/economia/nipe.

政政策和股票价格的联系，发现财政整合导致了政府债务或信号预测财政行为持续且潜在下降，这又将与股票市场价格上涨密切相关；与此类似，财政政策措施的实施将影响主权风险利差，而财政变量之间的相互作用以及政治体制也将影响金融市场（Akitoby 和 Stratmann，2008）。

Ardagna（2009）发表了关于削减财政调整开支与股市价格上升相关性的报告。

Arin 等（2009）探讨各种税收政策改革对股市收益影响并指出直接税对股市收益的影响比劳动税的影响更大。

在国内的文献中，何敏、张烨（2011）认为，财政税收和财政支出可以通过财政赤字或盈余表现出来。因此，财政政策可以以财政赤字或财政盈余作为指标，衡量在多大程度上影响股市的走势；通过实证分析，他们发现财政政策对于股票指数的影响具有滞后效应，但却没有确定相关性的正负情况。另外，股票市场价格与财政赤字之间的相关关系也不是单一的。具体而言：本年的财政赤字与股票指数呈正相关关系，而上一年的财政赤字与股票指数之间呈现负相关关系，而当年的财政赤字和股票指数之间呈现的是正向相关关系，此外，财政政策对于股票市场的滞后影响非常明显。①

翟伟峰（2008）指出，财政政策对股票价格产生影响主要是通过公共支出的渠道。政府通过投资性购支出和购买性支出，能够刺激经济走出衰退状态，进而推动经济实现充分就业。此外，财政政策也能够通过救助制度对股票价格产生影响。

董直庆、王林辉 (2008) 认为，宏观经济政策和股市之间可能存在强相关性。基于时序数据的脉冲响应函数检验结果显示，我国财政货币政策对股票市场的作用存在阶段性，并且有着非中性和非对称性特征，即无论个体对政策冲击是否存在有效预期，政策变化对股市都将存在冲击效应。

---

① 何敏、张烨：《货币政策、 财政政策、 经济增长对股票价格影响的实证分析》，载《现代营销》，2011（3）。

李旭旦（2007）认为，我国的证券市场与财政收入、财政支出之间存在长期均衡的协整关系，而从短期的动态调整因素看，财政收入与财政支出的波动是引起股价波动的重要原因；在格兰杰意义上，财政收入、财政支出与股票价格这三者之间存在着因果关系，能够产生相互影响。其相互作用的关系体现了财政政策与股票市场之间的互动关系。

1.2.2 财政政策与房地产资产价格的研究文献综述

诸多研究表明，财政政策与房地产市场资产价格的波动之间并不是孤立的，而是相互影响的。在财政政策对房地产价格波动影响的相关问题研究上，学界与实务界由于在研究视角、理论依据与判别准则上的差异，往往形成不同的观点和看法。

1956 年 10 月，查尔斯·蒂伯特 (Tiebout) 在《一个关于地方支出的纯理论》中提出了著名的蒂伯特模型，其中有一条重要假设：具有消费者和投票者双重身份的人，作为“理性消费者”，他们掌握不同社区或地区的收入—支出模式差异的完全信息，并且能够对差异做出反应（即“用脚投票”），选择符合自己收入—支出偏好的地区居住。该理论模型中的收入主要是能够获得的公共产品和公共服务水平提高，支出则主要指其税收负担和居住成本。自提出后的几十年里，许多学者做了大量的实证研究来验证这一理论假设的正确与否。

奥茨 (Oates，1969) 通过对美国新泽西州东北部的 53 个城镇进行调查，采用中小学教育的投入量来代表公共支出水平，选择纽约周围新泽西东北部的 53 个城镇的社区样本，分析了财产税和地方公共支出对房产价值的影响。奥茨研究的主要结论有：居民的财产价值主要通过其所拥有的房地产价值体现出来。在公共服务水平不变的情况下，税收负担与房地产价值负相关；在税收负担不变的情况下，公共服务水平与房地产价值正相关。在税率相同的情况下，不同的社区之间，由于财政支出的不同，会不同程度上影响财产价值 (Orr,

1968；Church，1974；Meadow，1976)。在假定其他情况相同的条件下，如果一个社区财产税税率高于平均水平，它的财产价值会降低；同样，地方公共产品和服务高于平均水平，会增加其财产价值 (Polinsky 和 Shavell，1976)。

Pollakowski(1973) 对 Oates 的变量选择和最小二乘法进行了批评，并利用其修正后的模型对旧金山、奥克兰和圣何塞 (San Francisco-Oakland-San Jose) 地区的数据进行实证检验，发现税收对房地产价格起着负效用，公共支出对房价起着正效应，但是同时发现，这些结论对于模型的具体选择表现出很大的敏感性。Oates(1973) 随后对 Pollakowski 的文章进行了回应，他对先前的检验进行了修正，在原模型的基础上加入了除教育外的其他服务支出，最小二乘估计结果显示，其他服务支出对房价有正效应，而财产税的效应比先前的研究更为突出，这一结果说明先前的研究低估了财产税的作用。

Hyman 和 Pasour（1973）对美国北卡罗来纳州 106 个城镇进行研究时指出，除大都市之外，财产税与地方公共支出对房地产价格的影响并不确定。McMillan 和 Carlson（1977）的研究发现，在小城市，房地产税和公共支出对房地产价值的影响也不是很明显，因为在小城市土地供给具有弹性。

1988 年，英杰 (J.Yinger)、布鲁姆 (Howard.Bloom) 等以实证方法研究了地方公共服务支出和财产税两者之间的差额能够被资本化进房产价值的问题。这与汉密尔顿 1976 年所预测的结论相一致。

Rosenthal（1999 年）以英国马其塞特郡 (Mersevside) 等县市的季度样本数据作为考察对象，研究该地区的税收收入、公共支出以及房地产价格和住房特征几者之间的关系。计量结果显示，这一地区的住房特征、公共支出对房地产资产价格的影响显著。

Jappelli 和 Pistaferri（2007）高度关注财政政策措施在解释房地产市场发展中的重要作用。

在国内的文献中，陈多长、踪家峰 (2004) 采用现代资产价格理论来分析房产税、住宅转让所得税和歧视性契税对房地产价格的影响，研究发现税收对于住宅资产价格的影响是双重的。即税收既改变了投机者的价格预期（影响预期增值），也改变了住宅资产的收益流量（影响资产的净现值）。就长期而言，房地产税的开征将会导致住宅资产价格的下降。

王海勇 (2004) 从现代资产定价理论出发，认为对房地产征税将会降低人们对于房地产未来收益的预期，进而导致现期房地产价格下降。

杞明（2005）运用 Tiebout 理论模型研究发现地方公共支出会促进房地产价格的上涨。

杨绍媛、徐晓波 (2007) 分析认为，由于购房者的需求弹性小，不论从资产收益的角度还是从住房成本的角度看，税收在短期内都会提高房地产的价格。

基于财产税的受益税性质，胡洪曙 (2007) 指出，财产税的资本化和房产价值负相关，地方公共支出和房产价值正相关。房地产价格的下降或者升高抑或不变，都取决于财产税与地方公共支出的转换系数及地方公共支出的效率系数。

高凌江 (2008) 研究指出，不同城市或地区财政支出水平的差异会逐渐累积构成促使该地区房地产价格上涨的重要因素之一。

周京奎、吴晓燕 (2008)，梁若冰、汤韵 (2008) 的研究结果都表明政府支出与住宅价格之间存在着显著的正相关关系。

杜雪君、黄忠华、吴次芳（2009）运用我国 31 个省（直辖市、自治区）的面板数据，对全国和区域层面上房地产税、地方公共支出与房价之间的关系进行了实证检验，研究结果表明，地方公共支出、房地产税负、房地产价格三者之间存在反馈的影响关系。房地产税负对于房地产价格有抑制作用；而地方公共支出对房地产价格有着明显的促进作用；地方公共支出与房地产税负对房地产价格的影响存在动态的差异性。[①]

---

① 杜雪君、黄忠华、吴次芳：《房地产价格、地方公共支出与房地产税负关系研究——理论分析与基于中国数据的实证检验》，载《数量经济技术经济研究》，2009（1）。

② 踪家峰、刘岗、贺妮：《中国财政支出资本化与房地产价格》，载《财经科学》，2010（11）。

踪家峰、刘岗、贺妮（2010）通过计量模型对中国30个省（直辖市、自治区）1999～2008年地方财政支出水平与商品房平均销售价格进行了实证研究。[②] 研究结论指出，我国地区的财政支出与房地产价格之间呈现出正相关关系，地方财政支出对房价有明显的促进作用，各个地区持续高水平的财政支出，经过一段时间的积累后，最终会资本化到房地产价格上来。而且，这种效应具有一定的循环累积效应。至于我国地方财政支出对房地产价格的影响存在区域差异的原因相当复杂，可能与地方公共服务设施差异、地方政府的管理水平差异、投资环境、人文环境、地理环境等有关。

刘梦珊（2010）分析得出，不同地区公共产品供给的差异是导致房地产资产价格差异的重要因素，而土地出让收入也同样是影响房地产价格不可忽视的原因。财政支出的多少与房地产价格的高低成正相关关系，而土地出让收入的提高也促使房地产价格的进一步上涨。

我国台湾地区的谢文盛（2001）利用极大似然的方法，以台北市1968～1994年的时间序列数据，重点分析了公共支出与税收对于房价的影响。研究发现，无论是总支出还是各类别的公共支出，都与住宅价格呈正相关关系，财产税则与住宅价格呈负相关关系，并且这种相关关系长期稳定。基于台北市1986～2004年的数据，谢文盛利用Johansen协整分析的方法研究发现，台北房地产税与房屋价格的影响系数为负值，而政府支出对房地产价格的影响系数则为正数。[①]

以上文献资料和成果都从不同的立场或视角，对于财政政策与房地产市场和股票市场资产价格的相关关系有各自不同的理解和诠释。这些研究对本课题关于财政政策与资产价格波动之间的相关研究提供了有价值的参考。但从严格意义上讲，以往文献中对财政政策与资产价格波动之间议题进行系统研究的并不多见。可以说，我国财政政策与资产价格波动之间议题的研究深度与广度仍有进一步探讨的必要。

---

① 谢文盛：《公共支出、租税收入与住宅价格关系之研究》，华龙技术学院2001上学研讨会论文集，2001。

1.3 研究思路、结构框架及研究方法

1.3.1 研究思路

众所周知，资产价格尤其是股票和房地产价格极易出现剧烈波动，特别是当全球经济普遍呈现流动性泛滥、虚拟经济严重背离实体经济时，资产价格持续大幅波动成为各国政府面临的问题和难点之一。面对资产价格波动，政府因政策措施不当而铸成大错的例子并不鲜见。史实表明，主要工业国家与发展中国家大都经历了股票市场与房地产市场价格的泡沫出现与泡沫破灭的显著周期。伴随着资产价格的破灭，各国实体经济领域同样出现下探趋势。在经济危机的非常时期，宏观经济调控政策尤其财政政策是否该针对资产价格波动采取行动，是一个值得认真对待的重要议题。

本书探讨的主题是从金融危机期间政府宏观调控的角度，来探讨财政政策该如何应对资产价格的剧烈波动。股票市场价格的高涨增强了股票市场的投机心理，扭曲了资源配置，极易产生资产价格的泡沫。股票市场泡沫一旦破裂，不仅会加大股票市场价格的波动性，而且会对实体经济产生破坏性的影响。不可否认，要防止一国经济遭受金融危机的影响，需要良好的、透明的市场经济制度；需要在构建良好风险防范机制的同时，加强政府部门的统一监管；需要社会公众对经济基本面的高度了解；需要审慎的财政政策；诸

如此类。这些都是宏观经济调控总体政策策略的重要组成部分。本书的研究重点，是财政政策如何应对资产价格的波动，以最终实现促进总体经济健康持续稳定发展的政策目标。

本书的观点是：就财政政策的实施运用而言，需要对资产价格的波动及时跟踪；就政策具体操作而言，资产价格不宜作为我国财政政策调控的直接目标，但可考虑作为宏观经济调控关注的辅助目标，因此，应对资产价格的波动实施动态监测。

1.3.2 结构框架

本书主体内容可分为 7 章，以下是各章内容概要：

第 1 章是绪言，概述了研究目的、研究对象以及内容结构。主要是以金融危机期间为背景，重点探讨财政政策对经济运行及资产价格波动的影响，探讨资产价格是否应成为我国财政政策关注目标的问题。

第 2 章简要回顾了财政政策相关概念内涵、理论分析框架以及财政政策有效性的理论发展历程。

第 3 章分别以股票和房地产价格为例来分析说明影响资产价格波动的一般因素。

第 4 章探讨了资产价格过度波动的危害，探讨财政政策应关注资产价格波动，并在资产价格波动与宏观调控政策相关分析的基础上，重点剖析了财政政策对资产价格调控的渠道与影响途径。

第 5 章是在理论部分概述之后转向经济实践视野，重点考察了世界范围内几次较大金融危机及经济衰退期间各国财政政策的实施，并对财政政策对资产价格波动的调控作用情况进行了评价与解析。

第 6 章通过实证分析，具体检验我国财政政策与资产价格之间的影响关系，力图解释经济危机下财政政策影响资产价格作用机制的特有运行规律。

第 7 章在前面各章研究的基础上，就我国金融危机期间针对资产波动的财政政策实施和运用，提出一系列较具现实可行性的政策建议与观点主张。

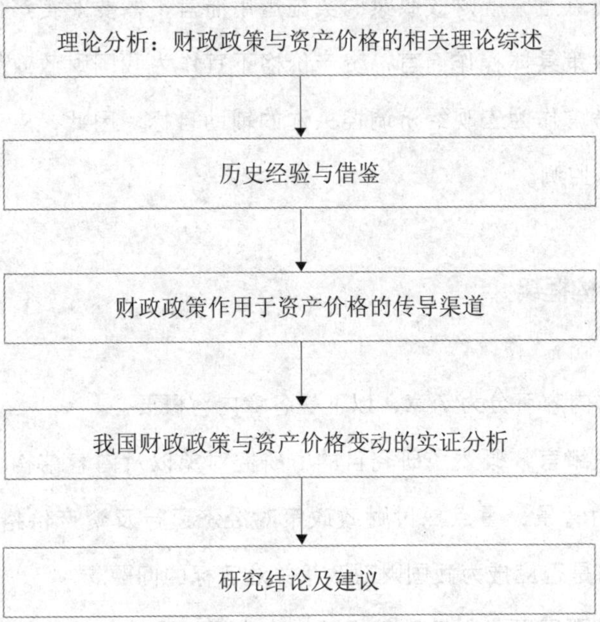

图1–1 本书框架结构

1.3.3 主要研究方法

本书主要运用以下研究方法：

（1）规范分析与实证分析相结合的方法。本书从定性分析开始，在界定财政政策基本概念、梳理国内外学术研究文献的基础上，对我国财政政策与资产价格波动的相互关系进行了系统分析，重点研究了财政政策与资产价格之间的理论基础和影响因素，分析财政政策对资产价格波动影响的作用机制与传导通道。之后，根据定性分析的结果，进行建模、数据采集及模型检验等，运用协整、面板数据模型法和因素分析法等现代计量技术进行量化分析。最后对定量研究的结果，再进行定性分析，给出相关的政策建议。

（2）归纳与演绎相结合的方法。在对影响因素进行归纳研究的基础上通过实证分析进行演绎阐述，再把实证分析结果进行理论上的归纳。

（3）历史分析与现实分析相结合的方法。本书重点分析了几次重大的金融危机期间实施财政政策的措施及其效果，总结各国财政政策的经验及教训，以便更好地为我国财政政策的制定提供借鉴。

（4）比较分析的方法。本书对美国、日本等国家和地区财政政策实施与资产价格波动之间的实践经验与教训进行比较研究，并在此基础上，结合中国的实际提出了一系列政策建议。

1.4 研究的创新点与不足之处

1.4.1 主要创新点

本书主要有以下三点创新：

第一，研究视角的创新。政府宏观调控与资产价格之间的相互关系是大家普遍关注的领域。作为宏观调控的主要政策手段，财政政策的基本理念早已深入人心，但对于财政政策与资产价格波动之间的内在联系与作用机理，传统的经济学理论已经很难阐释。现阶段国内外学界关于货币政策与资产价格关系的著述颇丰，但财政政策与资产价格相关领域的研究成果却寥寥无几。已有的一些学术成果，大多是从税收对资产价格影响的角度进行研究的，比如房地产税、印花税等政策调整影响资产价格波动的相关研究，很少从财政支出的角度进行研究。本书较为系统地分析了财政政策对资产价格波动的影响机制与传导渠道，并给出相关政策建议，选题具有一定的创新性。

第二，研究方法的创新。本书首先简要进行了财政政策与资产价格波动影响因素的理论分析，并在历史经验与借鉴的基础上，重点探讨了在经济危机期间我国财政政策影响资产价格的作用机理与传导路径，进而运用 SVAR 模型对于我国财政收入与支出对资产价格影响及冲击进行了分析研究。研究采用的模型具有较强的适用性，它能将各种因素有机结合起来，具有较强的覆盖性，能够综合考虑影响资产价格波动的众多因素，更好地理解财政政策具体实施过程中出现的一系列经济问题与经济关系。因此，本书在研究方法上具有一定的创新性。

第三，政策建议的创新。本书在以前学者研究成果的基础上，结合我国财政政策与资产价格影响机制的实际，独立地提出了一系列较为现实可行的政策建议。研究认为，尽管财政政策与资产价格波动分别属于两个不同领域的问题，但是在经济危机出现的非常时期，鉴于财政政策对资产价格波动产生的重要影响和作用，有必要将属于微观经济领域、涉及供求关系平衡的资产价格变化情况纳入我国财政政策调控体系的视野，对资产价格的波动实施监测。就具体操作而言，资产价格不宜作为我国财政政策调控的直接目标，但可考虑将资产价格作为财政政策调控的辅助目标。在财政政策的实施过程中，相关部门需要对现代市场经济中资产价格的波动及时跟踪。本书还提出，在应对资产价格波动对财政政策效应的影响上，同样需要注重加强财政政策与货币政策协调配合的研究，把握好调控资产价格的着力点。

1.4.2 不足之处

本书关注的财政政策与资产价格波动这一选题具有一定的前瞻性，已有文献成果并不多见，可供借鉴的研究资料也很少。限于作者能力有限，本书还存在一些不足之处。主要表现在：

第一，仅仅以股票市场与房地产市场资产的价格为例，重点研究了在经济危机出现的非常时期，财政政策与资产价格波动之间的相互影响关系。但实际上，资产的高度流动性决定了股票市场与房地产市场的关系也是不可分割的。因此，还应对财政政策实施和调整的过程中，股票市场与房地产市场两大领域资产价格波动之间的相互影响进行分析。限于研究时限及其他客观条件的影响，本书没有涉及该领域的内容，希望留待今后的研究中加以解决。

第二，实证分析结果的可信度有待进一步提高。对于任何完美的理论模型来说，只能够有助于抽象地理解某个方面或某部分的经济关系，而难以概括说明经济现象的全部问题。即使有一些可供量化的数据和指标，也由于实际中传导链条过长而无法剔除其他因素的影响。同时，由于数据获取方面的困难，有些指标难以纳入到模型中，因此，本书提出理论模型的可信度有待进一步提高。

第三，政策建议中仅仅提出了一些原则性的理论构想，没有给出具体的指标体系。作为一个中长期调控措施，财政政策调整对资产价格的影响是长远的。在实证分析中，为准确分析财政政策对资产价格的影响的效应，应该进行时间跨度较大的量化研究。如果能够度量资产泡沫的大小与财政政策效应之间的关系,就可以将资产泡沫纳入财政政策控制目标内。故在政策建议上，只能提出将资产价格纳入财政调控的指标体系内等相关的原则性构想，无法开始进一步精准的量化分析。

总的来说，本书的研究结论无论对错或是否完善，都是对当前一些经济现象与问题的一种尝试性探讨。上述不足有待以后工作中对资产价格与财政政策调控这一课题继续跟踪研究，以取得进一步突破和改进。

2 财政政策的理论分析框架

2.1 财政政策的基础理论

2.1.1 财政政策相关概念界定

1. 财政政策内涵

财政政策是国家宏观调控的重要方面，是指一国或一地区政府为实现一定的宏观经济目标，以特定的财政理论为基础，按照客观经济规律，对财政收支规模和收支平衡的指导原则及其相应的措施进行调整的总称。

财政政策主要包含两个层面的内容，第一层面是财政政策的构成要素，它主要包括三点：一是政策目标，包括短期、中期与长期的政策目标；二是财政政策主体，即政策制定者及行为规范和政策实施者及行为约束；三是财政政策工具，包括税收、政府投资、转移支付等。第二层面是政策分类，一般可分为三个大类，即紧缩性财政政策、扩张性财政政策和中性财政政策。可见，第一层面指的是财政政策的决策框架，第二层面指的是财政政策的操作模式。

2. 财政政策的目标

一般来讲，财政政策的目标是指政府通过采取财政政策拟实现的职能目标或期望值。财政政策的目标与社会经济政治发展情况紧密相连，会随着社会政治经济的改变而适时进行改变、确定，因此我们说财政政策的目标是多元的。作为政策体系的核心，财政政策目标具有决定性的意义。一般而言，财政政策的政策目标主要包括充分就业、物价稳定、经济增长与公平分配等。

3. 财政政策工具

财政政策工具通常指实现财政政策目标的手段措施与载体。不同国家或地区的经济体通常具有不同的财政规模和构成。相应的，赋予了财政政策具体内涵上的不同。比如，扩张性财政政策的政策工具主要包括增发国债、扩大政府支出、削减税收、增加公共基础设施项目投入等。又如，在实际运用过程中，对金融部门拯救计划的根本目的和作用旨在扩大总需求，克服经济萧条。因此，部分经济体中的财政政策，还涵盖了对金融部门的拯救计划。由于政策工具必须是为实现财政政策目标所需要的，而且能够为政府直接控制，一般将财政政策的政策工具作为财政政策传导机制的重要组成部分。

4. 财政政策分类

财政政策有多种分类方法。按照作用对象的不同，财政政策通常可以分为微观财政政策和宏观财政政策。其中，根据调节经济周期的作用，宏观财政政策还可以分为自动稳定的财政政策与相机抉择的财政政策。按照调节经济总量方面的作用，相机抉择的财政政策可分为扩张性财政政策、紧缩性财政政策和中性财政政策。本书主要分析金融危机等非常时期的财政政策，金融危机期间，各国为了尽快走出困境，大都采取了积极的财政政策，因而本书的分析视角也主要是基于积极的财政政策（扩张性财政政策）。

2.1.2 微观财政政策和宏观财政政策

1. 微观财政政策

作为财政政策的两大分支之一，微观财政政策的实施针对微观经济主体，即指通过影响个体经济主体（包括企业和个人）的行为或者其经济活动，从而发挥作用的措施和政策。这种作用一般是通过影响相对价格，进而影响个体的经济行为或经济活动而产生的。常见的例子有，政府对某些优效品（如教育和古典歌剧）征低税或给予补贴，借以降低消费品价格，从而刺激消费；政府对农产品实行价格支持政策，鼓励农民多生产粮食和抑制国外同行业的竞争，鼓励农产品出口和提高在国际市场上的出口份额；等等。微观财政政策的主要作用在于通过影响需求和供给的结构，以此缓和由于供求失调而引发的经济波动。本质上，微观财政政策是宏观财政政策的具体化和微观化，是引起微观反应的一种财政政策。

在具体实施时，微观财政政策经常通过两个渠道得以实施和应用。第一个方面即是税收结构政策。税收结构政策一般指在保持既定的税收总量不变的基础上，通过调节不同税种的征收范围以及税率等而实现既定目的的措施和政策。第二个方面是公共财政支出的微观化。公共财政支出微观化即指保持财政支出总量在一定范围内不变，在此基础上，通过调整具体的财政支出的项目以及不同项目的数额而实现既定目的的措施和政策。

2. 宏观财政政策

宏观财政政策是通过作用经济总量而发挥作用的，这些经济总量通常包括投资、消费、国际收支、货币供应量、失业率、物价总水平和经济增长率。宏观财政政策又称作经济稳定政策。一般而言，最基本的经济总量是总供给和总需求。从这个意义上可以说，宏观财政政策就是影响总供给和总需求的政策。宏观财政政策一般包括两个方面，一种是自动稳定的财政政策，一种是相机抉择的财政政策。

首先来看自动稳定的财政政策。此种财政政策通常是指与经济社会发展的情况相适应，政府并不需要“刻意”来进行宏观调控或者采取干预措施，财政政策本身所固有的机制就会根据经济发展运行情况而自动发挥调节经济运行的作用。也正因为财政政策所固有的这种特点，其调控效果可以摆脱外力的作用，而自动地、内在地发挥稳定经济的功效。故此，此种财政政策经常被称为经济的“内在稳定器”。

通常来说，财政政策自动稳定作用的发挥一般体现在以下两个方面：

其一，税收的自动稳定作用。在税收体系中，一些税种对经济的发展变化反应及其敏感。比如说所得税体系中的累进个人所得税和公司所得税。当经济处于衰退时期，个人收入会逐渐下降，符合纳税规定的人数相应减少，因而适用高税率的税基缩小。一旦当税收减少的幅度超过个人收入减少的幅度，税收就产生一种推力，防止消费需求与投资需求过度紧缩，能够减缓经济萎缩的速度，从而起到刺激经济复苏的作用。公司所得税也是如此。当经济位于不景气和衰退阶段时，企业利润会伴随宏观经济的不景气而不同程度地有所下滑，但同时，公司所得税也会下降，并且其下降幅度会大于前者，从而防止经济衰退给企业所带来的负面作用，即会产生逆经济周期的调控作用,这在一定程度上有助于拉动企业的投资愿望和维持企业的正常运营。同样，在经济高涨时期，个人所得税上升的幅度大于收入水平上升的幅度，公司所得税上升幅度会大于公司利润的增长幅度，因而会产生一种拉力，防止消费和投资需求过度膨胀、经济过度繁荣，从而起到抑制通货膨胀的效果。

其二，政府支出的自动稳定性。政府的转移性支出集中体现了政府支出的自动稳定性。政府的转移性支出主要包括失业救济金、各种福利支出以及农产品维持价格等。当经济处于衰退或不景气时期，失业率会大幅上升，从而具备申请失业救助资格的居民数量也会增多，为了满足这些失业者日常必需的开支，政府需要对其给予救济金、津贴等形式的救助，救助力度的增强可以防止国民经济总需求的下滑。同理，当经济处于日趋繁荣时期，大量失业现象减少，政府用于失业救助方面的支出就会减少，从而防止总需求的过度旺盛。

其次来看相机抉择的财政政策。其与自动稳定的财政政策恰好相反，由于不具备内在的、自动的稳定经济的作用，这些财政政策若对经济发挥调控作用，必须借助外部力量。通常来讲，相机抉择的财政政策需要政府适应经济发展的变化和运行状态，有意识地反方向调节景气变动幅度，以达到稳定经济作用的财政政策。比如，当经济处于繁荣的上升周期时，一般会有通货膨胀的潜在风险，为了降低通货膨胀对经济带来的负面影响，政府经常会采取节支增收的措施来抑制民间的过剩需求；相反，当经济处于衰退和下行周期时，一般会有通货紧缩的潜在风险，为了降低通缩给国民经济带来的负面影响，政府必须采取减收增支的措施，目的是为了刺激投资和消费需求，进而拉动整个经济社会的有效需求。通常而言，相机抉择的财政政策可以划分为紧缩性财政政策、中性财政政策和扩张性财政政策。

2.1.3 扩张性财政政策、中性财政政策与紧缩性财政政策

1. 扩张性财政政策

扩张性财政政策是指增加社会总需求的各种财政政策的统称，其一般发生在经济衰退时期，国民经济总需求此时会降低，而扩张性财政政策能够通过拉动国民经济总需求而缩小社会总供给和社会总需求的差额，从而带动国民经济供求情况恢复平衡。但是如果社会总需求与社会总供给处于平衡的状况时，扩张性财政政策的实施无疑会使得社会总供给小于社会总需求，并使两者的差距越来越大。

通常来讲，扩张性财政政策所采取的政策措施或手段主要有降低税率、扩大政府支出和减税。以减税为例，在政府财政支出总规模保持不变的情况下，减税通过增加民间可支配收入可以扩大社会总需求。根据减税方式和种类的差异,其扩张效应也会有所不同。比如所得税。所得税尤其是个人所得税，减税的扩张效应一般表现为需求方面，主要通过增加居民可支配收入的方式实现。又如流转税。当流转税发生减税时，尽管可以增加需求，但其扩张效应更主要体现在供给方面，也就是说，流转税的减税对供给层面的刺激作用

更强烈一些。

2. 中性财政政策

中性财政政策指的是对社会总供求的影响保持中性的财政政策。在这种政策下，财政的收支改变既不会产生紧缩的经济效应，也不会产生扩张的经济效应。一般状态下，此种政策要求财政收支能保持平衡。但是值得注意的是，中性财政政策并不等同于均衡财政政策，后者指的是以收支均衡的形式所体现出来的财政政策，其实施的目的主要是为了规避预算赤字或预算盈余给经济运行所带来的负面后果。

3. 紧缩性财政政策

紧缩性财政政策是指通过分配活动来减少或抑制社会过度旺盛的总需求的财政政策。紧缩性财政政策的政策手段主要包括增收减支（即增加税收与减少财政支出）。其中，增加税收的政策目标是减少民间的可支配收入，遏制需求方面的增加，减支的政策目标主要是减少投资和消费。无论是前者还是后者，都会产生抑制或者是减少社会总需求的政策效果。而且，在一定经济状态下，增加税收和减少财政支出的政策都有可能导致财政盈余的出现。一定程度上可以说，紧缩性财政政策就是盈余财政政策。

2.1.4 财政收入政策与财政支出政策

1. 财政收入政策

财政收入是指预算年度内，通过一定的形式和程序，有计划地筹措到的归国家支配的资金。简单地讲，这是政府履行职能的财力保障。

具体而言，财政收入是指为履行政府职能、实施公共政策和提供公共物品与服务需要而筹集的一切资金的总和。财政收入一般表现为政府部门在一定时期内（通常为一个财政预算年度）所取得的货币收入。财政收入是衡量一国政府财力大小的重要指标。在现代社会经济活动中，一国政府提供公共物品及服务的范围和数量，在很大程度上取决于财政收入的充裕状况。

政府收入分类是将各类政府收入按性质的不同进行归类或层次划分，便于全面、准确、清晰地反映政府收入的总量、结构及来源情况。

财政收入可以按不同的方式进行分类。一般来说，根据政府取得财政收入的形式进行分类。按照国际上通用的分类方法，财政收入可以划分为税收收入、国有资产收益、国债收入、收费收入以及其他收入等不同类型。

为适应建立完善公共财政体系的要求，经国务院批准，我国财政部自2007年1月1日起正式实施了政府收支分类改革。此次的政府收支分类改革是我国自新中国成立以来政府收支分类统计体系的重大调整，也是我国政府预算管理制度的深刻创新。改革后，政府收支的分类体系主要包括“收入分类”、“支出功能分类”、“支出经济分类”三大部分。为了进一步完善政府收支分类体系，科学反映政府收入支出的状况，财政部每年都根据预算管理的需要，在年度财政预算编制和执行过程中对部分科目进行适当修订补充。

在新的政府收支分类体系中，“收入分类”全面反映了政府收入的来源和性质，不仅包括预算内收入，还包括社会保险基金收入等应该属于政府收入范畴的各项收入。根据《2010年政府收支分类科目》的规定，我国收入分类修订后的具体情况为：第一类是税收收入，下设增值税等21款；第二类是社会保险基金收入，下设基本养老保险基金收入等6款；第三类是非税收入，下设政府性基金收入等7款；第四类是贷款转贷回收本金收入，下设国内贷款回收本金收入等4款；第五类是债务收入，分设国内债务收入、国外债务收入2款；第六类是转移性收入，下面分设返还性收入等10款。

细化政府收入分类，是世界范围内各国或地区政府收入管理的整体趋势。在普遍实施扩张性财政政策的大背景下，现代各国政府除了比较明显的财政支出政策外，也都加大了财政收入工具的应用。具体来说：当一国实行扩张性的财政政策时，一般采取降低税收的政策。与此同时，各国或地区还通过发行国债弥补财政赤字，这成了各国国债发行的主要动因和普遍做法。因此，增发建设国债和降低税收都是实施扩张性财政政策的重要措施和手段。

2. 财政支出政策

财政支出是指政府为提供公共产品和服务，满足社会共同需要而进行的财政资金的支付。财政支出主要满足以下要求：一是保证国家机器正常运转、维护国家安全、巩固各级政府政权建设的支出；二是维护社会稳定、提高全民族素质、提升人民生活水平的社会公共事业支出；三是有利于经济环境和生态环境改善、具有巨大外部经济效应的公益性基础设施建设的支出；四是对宏观经济运行进行必要调控的支出等。

财政支出的分类是将政府支出的内容进行合理的归纳，以便准确反映与科学分析财政支出活动的性质、结构、规模以及支出效益。国际上通用的财政支出分类，是依据公共财政原理，按照不同的标准，对财政支出的具体项目从不同角度进行归类。财政支出的合理分类有利于了解各项公共支出的性质，以便深入研究公共财政支出结构的合理性与有效性。具体而言：

（1）按照财政支出与政府职能关系的分类。按照这一标准，当今世界范围内的大多数国家通常将财政支出划分为经济建设支出、社会文教支出、国防支出、行政管理支出、债务支出和其他支出。这种分类方法不仅可以反映一国政府职能的执行及转变情况，而且有利于不同历史时期政府职能的纵向比较，还有利于不同国家之间政府职能的横向比较。

（2）按照财政支出同市场运行关系的分类。公共财政理论认为，在市场经济条件下，公共财政是辅助市场经济运行、弥补市场缺陷、优化资源配置的重要一环。为反映财政支出对市场经济运行的不同影响，财政支出可以分为购买性支出和转移性支出。

（3）按照财政支出的最终用途分类。这种分类方法根据马克思的社会产品分配理论，将财政支出按照最终的使用方向划分为积累性支出、消费性支出和补偿性支出。

（4）按照财政支出是否在当期发生的分类。按照这一分类方法，财政支出可以划分为显性财政支出和隐性财政支出。

（5）按照预算上的分类。在预算上的分类是指依据政府预算编制的层次和编制形式进行财政支出的分类。这种分类方法无疑有利于了解政府预算支出编制的方式。

我国现行财政支出的分类方法同时采用支出功能分类与支出经济分类两种。按照支出功能分类，简单地讲就是财政支出按政府主要职能的活动分类。在我国政府支出功能分类中，分别设置了类、款、项。根据《2010年政府收支分类科目》规定，支出功能分类的类级科目包括：一般公共服务、外交、国防、公共安全、教育、科学技术、文化体育与传媒、社会保障和就业、社会保险基金支出，医疗卫生、环境保护、城乡社区事务、农林水事务、交通运输、资源勘探电力信息等事务、商业服务业等事务、金融监管等事务支出，地震灾后恢复重建支出，国土资源气象等事务、住房保障支出，粮油物资管理事务、预备费、国债还本付息支出，其他支出和转移性支出等25类。

按照支出经济分类，就是根据财政支出的经济性质和具体用途所做的一种分类。如果说支出功能分类能够明确反映出政府职能活动的内容与范围，那么支出经济分类就是能够明确反映政府的收入究竟是怎么花出去的。支出经济分类设置了类、款级科目。根据《2010年政府收支分类科目》的规定，我国政府支出经济分类类级科目包括：工资福利支出、商品和服务支出、对个人和家庭的补助、对企事业单位的补贴、转移性支出、赠予、债务利息支出、债务还本支出、基本建设支出、其他资本性支出、贷款转贷及产权参股和其他支出等12类。

可以说，支出功能分类与支出经济分类从不同侧面、以不同方式反映政府支出的活动。在财政信息管理系统的有力支持下，我国财政支出分类与部门分类编码和基本支出预算、项目支出预算相配合，可以对任何一项财政支出进行“多维”定位，清清楚楚地说明政府的钱是怎么来的，干了什么事，最终用到了什么地方。唯有如此，才能够为我国政府预算管理、经济统计分析、宏观决策和财政监督等提供全面、真实、准确的信息来源。

通常来说，政府预算被视作一国实施财政政策的主要手段，在政府宏观调控中发挥着重要的作用。政府预算通过财政收支规模及平衡状态的确定、收支结构的安排和调整来实现财政政策目标。政府运用财政支出政策工具的目的包括：一是刺激经济走出衰落，促进经济复苏或经济增长；二是政府为普通民众提供更多的社会保障，稳定社会经济全局，缓解整个社会的萧条局势。历史表明，在金融或经济危机时期，各国财政的支出通常会增加。比如，使用包括政府的购买性支出、投资性支出以及用于转移性支出等扩张性的财政支出工具。相应的，在政府担保等方面的财政预算支出也会增多。作为政府的基本财政收支计划，预算能够全面反映政府财力规模和平衡状态，并且是各种财政政策手段综合运用结果的反映。

预算收支的规模、方向和收支平衡状态可以对社会供求的总量平衡产生影响。一定时期内，在其他社会需求总量不变时，采取财政预算赤字政策具有扩张社会总需求的功能，而采取财政结余政策和压缩财政支出政策则具有减少社会总需求的功能。通常要求在保证预算收支结构处于安全区间的前提下，增加政府预算投入，直接影响或引导社会资源向更有利于促进经济发展和结构均衡的方向发展，以此调节社会总供求的结构平衡。一般在扩张性财政政策下，财政支出的方向主要运用于一国能源、交通及重要的基础产业、基础设施建设的投资。故此，财政政策既有造就未来经济结构框架的功能，也有矫正当期结构失衡状态的功能。

在 1998 年 12 月份召开的全国财政工作会议明确提出了建立公共财政框架的要求和原则：一是把保证公共支出作为财政的主要任务，该管的要管好，不该管的一定不要管；二是依法促进公平分配；三是充分利用预算、税收、国债等经济手段做好宏观调控，并作好转移支付工作；四是调节市场配置资源的偏差，体现国家产业政策，对国有企业和国有资产搞好管理。至此，我国公共财政体制有了一个清晰的目标和基本框架。标志着我国财政体制深化改革进入新阶段。1999 年，新一轮的政府预算制度改革也随之启动。政府预算制度改革的主要内容有：实行部门预算改革，实行国库集中收付的财政体制改革，实行政府采购制度，政府收支分类改革，深化“收支两条线”管理改革，建设“金财工程”，等等。

2.2 扩张性财政政策的效应

在经济实践中，政府干预行为往往被寄予了太多期望。一方面，存在市场失灵的某些领域一旦出现问题，政府干预的需要就被提上日程；另一方面，政府也会夸大自身对经济产生的作用。扩张性财政政策对经济带来正面效应的同时，也会产生一定的负面效应。

2.2.1 扩张性财政政策的正面效应

大体上讲，财政政策的正面效应主要表现在：

第一，弥补市场失灵。根据西方经济学的一般原理，市场经济中“看不见的手”能够自发实现市场均衡，并且保持自身高效运行。但不可否认的是，现实中存在不少市场失灵的情况。关于市场失灵，是指无调节的市场不能在一切情况下都实现配置效率（梁小民，1996）。市场失灵有四种基本原因：市场势力、不完全信息、外在性和公共物品（平狄克、鲁宾菲尔德，2000）。因此，一般认为，需要通过政府这只“看得见的手”来弥补市场失灵。即在市场经济出现危机的特别时期，扩张性财政政策可以帮助经济回归到原有的运行轨迹，以减少市场失灵的损害，缩短市场自我修复的时间。

财政政策弥补市场失灵的作用范围主要包括以下领域：一是私人部门不愿或无力投资的传统领域。各国政府通过财政的投资来直接推动经济的发展。

二是从国民经济的基本要素出发。政府通常在农业、原材料、交通运输、能源等方面占主导地位。这是因为，这些行业是国民经济的基础产业，它们的发展是国民经济发展的前提，如果这些行业投资滞后于经济增长，势必会成为掣肘经济发展的“瓶颈”。如果财政政策支持这些行业发展，那么不仅为将来经济发展提供一个良好的基础环境，还会对本期经济增长产生一个加速效应。三是从人力资本角度出发。如果一国教育事业比较发达，那么一般会具有较高的国民素质和科研水平,相应能够提高劳动生产率水平。在同样条件下，该国经济无疑会具有较高增长速度。四是从公共服务角度出发。政府增加公共安全和环保等方面的支出，可以为生产发展提供良好的社会环境。财政在上述这些领域的投资能够有效弥补市场提供的不足，使整体经济尽量减少或者避免遭受市场缺陷可能带来的不良影响。

第二，促进经济增长。财政政策至少有三个途径可以促进经济增长。

（1）财政支出能够形成增长所需的资本，从而通过作用于资本存量以及积累的速度来影响增长。这是因为公共投资不仅体现为作为需求的投资部分，同时也形成了公共资本，这些公共资本要么直接作用于生产，要么产生正的外部性，影响生产活动。特别是当一个经济体存在大量的国有经济的时候，国有企业的资本形成直接与财政有关，财政政策就通过国有企业这个媒介直接介入生产过程。凡此总总，财政支出都影响到了资本积累，从而带来增长效应。

（2）财政支出中，公共支出的很大一部分和文化、教育、卫生、社会保障等有关，而这些公共支出能够促进人力资本的积累，从而影响到增长。尤其对于我国这种文化、教育、卫生国有化程度较高的经济体，财政对人力资本的影响是非常直接的。比如，教育投入水平的高低直接关系到国民的基本受教育程度，而教育政策的导向性又直接关系到国民接受何种教育以及一生中的教育机会和知识结构。

（3）财政支出通过作用于创新活动来影响经济增长。对经济增长而言，一国的创新活动是至关重要的。无论是哪一种经济理论，都认同这点。通常来说，很多创新取决于企业和民间的研发活动，但政府对创新活动具有决定性的影响。尤其在我国，不仅科学研究部门与教育部门是高度国有化的（比如，大学和中科院等机构作为国有事业单位存在），而且企业界大型国有企业占据了大部分科研资源，成为国家依赖的创新重地。

第三，阻断经济危机的蔓延。史实表明，市场经济运行过程中往往会出现严重失灵的情况，即出现金融或经济危机。在经济危机时期，扩张性财政政策的主要作用是通过救助的政策措施来改变市场参与者的预期，从而阻断危机传导的链条，阻断经济危机的进一步蔓延。如果市场各方参与者一旦形成了发生金融或经济危机以及经济危机可能造成严重伤害的预期，就会造成市场的恐慌。这无疑会加重危机的“自我实现”，直接导致危机的迅速传导。作为危机“阻断器”，财政政策的实施可以将这种恐慌有效化解。

以我国为例。2008 年国际金融危机爆发后，“四万亿元”财政政策的出台，拉动了投资，明显地帮助我国克服了国际金融危机带来的“衰退”和“不景气”气氛，从而促使投资者调整心理预期，对经济前景保持“乐观”。由此可见，财政政策的实施能够有效地缓解金融或经济危机对整体经济的冲击，一定程度上阻断危机的传导与蔓延。

2.2.2 扩张性财政政策的负面效应

通常来说，扩张性财政政策可能对经济产生的负面效应主要表现在以下几个方面。

第一，财政政策对经济产生挤出效应。“挤出效应”（Crowding Out Effect），简单地讲是指政府支出增加所引起的私人消费或投资降低的作用。财政政策挤出效应的大小取决于很多因素，其中的主要因素有：①支出乘数的大小。当政府扩大支出时，利率水平会随之上升。而支出乘数越大，利率提高的幅度也越大，从而会导致投资规模的大幅度减少，继而导致国民收入也大幅减少，从而使挤出效应扩大。②货币需求对产出的敏感度。我们所熟知的货币需求函数为 $L=ky-hr$，其中 k 即表示此敏感度。当 k 越大时，货币的交易需求也越大，在供给不发生改变的情况下，会使利率水平大幅度上升，从而使挤出效应扩大。③货币需求对利率的敏感度。在货币需求函数 $L=ky-hr$ 中，h 的大小即表示货币需求对利率的敏度程度。当 h 越小时，由于货币需求与 h 呈反方向移动，若货币需求发生小幅度缩小时，利率就会出现大幅度增加，从而使挤出效应扩大。④投资需求对利率的敏感度。敏感度越高，利率增长的变动对投资的负面影响效果也越大，从而使财政政策的挤出效应也越大。

当经济处于衰退时期，通常用扩张性财政政策增加总需求，用扩张性货币政策降低利率水平，从而克服扩张性财政政策所产生的“挤出效应”。财政政策产生挤出效应，其传导机制一般有两种：一种是政府向公众借款集资，导致政府和民间在借贷资金需求上产生竞争，这样会减少借贷部门对民间的资金供应；另一种是扩张性财政支出会导致利率上升，这显然会抑制民间支出，尤其是民间投资领域的支出。短期内，在没有实现充分就业时，扩张性财政政策的挤出效应小于 1 大于 0，财政政策是有一定作用的。就中长期而言，在实现了充分就业时，财政政策的挤出效应为 1，扩张性政策通常会引起通货膨胀。

第二，引发财政赤字或国家信用危机。扩张性财政政策的实施，一般能够刺激投资，扩大生产能力。特别是在减税与增加支出并举的情况下，扩张性财政政策的实施会导致财政赤字的出现。对此，有一种观点将扩张性财政政策等同于赤字财政政策。

不过，扩张性财政政策并非是包治百病的良药。从某种意义上讲，扩张性财政政策可能只是用进一步加深未来的生产过剩的办法，来暂时减轻当前的生产过剩。事实上，如果财政赤字规模过大，严重超过了财政赤字规模的合理界限，赤字可能会增加政府债务负担。而当政府不能提供足够的财力时，便会引发财政危机。轻者可能导致财政入不敷出，重者导致信用的丧失，进而引发国家主权的债务危机。因此，财政赤字风险长期积累的结果，必然会导致更猛烈的财政危机或经济危机的暴发。

表2-2 世界主要经济体总体财政差额情况

			估计		预测	
	2008年	2009年	2010年	2011年	2012年	2013年
先进经济体	−3.5	−8.8	−7.6	−6.5	−5.8	−4.7
美国	−6.7	−13.0	−10.5	−9.6	−8.2	−6.6
欧元区	−2.1	−6.4	−6.2	−4.1	−3.2	−2.5
法国	−3.3	−7.6	−7.1	−5.2	−4.5	−3.9
德国	−0.1	−3.2	−4.3	−1.0	−0.7	−0.4
希腊[2]	−12.2	−15.6	−10.5	−9.2	−7.0	−2.7
爱尔兰	−7.3	−14.0	−31.2	−13.1	−8.3	−7.5
意大利	−2.7	−5.4	−4.5	−3.9	−2.6	−1.5
葡萄牙	−3.7	−10.2	−9.8	−4.2	−4.5	−3.0
西班牙[3]	−4.5	−11.2	−9.3	−8.9	−7.0	−5.9
日本	−4.1	−10.4	−9.4	−10.1	−9.9	−8.6
英国	−5.0	−10.4	−9.9	−8.6	−8.1	−7.1
加拿大	−0.1	−4.9	−5.6	−4.4	−3.8	−2.9
新兴经济体	0.2	−4.5	−3.3	−1.7	−1.9	−2.0
中国	−0.4	−3.1	−2.3	−1.2	−1.3	−1.1
印度	−8.8	−9.7	−9.4	−8.9	−8.9	−8.8
俄罗斯	4.9	−6.3	−3.5	1.6	0.1	−0.7
土耳其	−2.4	−5.6	−2.7	−0.3	−1.7	−2.0
巴西	−1.3	−3.0	−2.7	−2.8	−1.9	−2.1
墨西哥	−1.1	−4.7	−4.3	−3.4	−2.4	−2.2
南非	−0.5	−5.3	−4.8	−4.5	−4.4	−3.8
低收入经济体	−1.0	−4.0	−2.7	−2.4	−3.0	−2.6

注：所有财政数据国家平均值按名义GDP进行加权，并取决于数据可获得性。

1. 希腊的预测有待调整。

2. 西班牙的预测不反映2012年7月11日宣布的措施。

3. 不包括金融部门支持。

资料来源：国际货币基金组织网站。

在衡量财政赤字规模的风险上，国际通常的警戒线指标有四个：一是财政赤字率，即财政赤字占GDP的比重，一般以不超过3%为警戒线；二是债务负担率，即国债余额占GDP的比重，一般以不超过60%为警戒线；三是财政债务依存度，即当年国债发行额/(当年财政支出+当年到期国债还本付息)，一般以不超过30%为警戒线；四是国债偿还率，即当年国债还本付息/当年财政支出，一般以不超过10%为警戒线。

第三，引发通货膨胀压力。理论上，扩张性财政政策的过度运用可能带来通货膨胀的压力。诸如“货币过度增加而引致的通货膨胀是政府制造的”，“政府天生具有制造通货膨胀的动机”，米尔顿·弗里德曼(Milton Friedman）与穆瑞·罗斯巴德（Murray Rothbard）的经典论述阐述了扩张性财政政策与通货膨胀之间的天生关系。这种“财政性通货膨胀”(fiscal inflation/Financial inflation) 在经济发展史中屡见不鲜，其中较为严重有旧中国的国民党统治区、20 世纪 80 年代的玻利维亚等。

当一国某个时期内财政收支不平衡，出现较大财政赤字时，财政赤字就很容易演变成通货膨胀。其传导渠道主要有以下两种：

一是中央银行直接融资的渠道。如果赤字由中央银行透支予以弥补，必然会导致货币供应量的增长超过财富与交易的增长，进而会引发物价总水平的全面上涨。通俗地讲，这相当于在财政困难时使中央银行变成财政部门的提款机。这样大规模超发货币的最终结果就是引起通货膨胀。

二是国债发行的渠道。除通过中央银行直接融资来解决外，发行国债就成为一国政府解决财政赤字最惯常使用的一种方法。那么国债的发行是否会对货币供应量产生较大的影响呢？一种观点认为，国债本质上是一种债权凭证，相当于甲借钱给乙，乙给甲一张欠条，只有一定时间内的资金使用权的变化，不会对货币量产生任何影响。事实上，这种观点经不起理论逻辑的仔细推敲。从国债的购买资金来看，国债多是被银行类金融机构购买并持有。而对于银行类金融机构来说，购买国债一般不使用自有资本金。因此，商业银行购买国债的行为相当于商业银行对财政部门发放了贷款，扩大了社会信贷总规模，进而增加了货币供给总量。即使从表面上看，银行类金融机构自身不持有国债，而是将其转售给非金融机构和居民，两者之间仅仅发生了资金使用权的转移。但值得注意的是，由于财政部门的边际支出倾向大于非金融机构与居民的边际消费倾向，社会的货币供给总量也会增加。这种方式增加的货币供给总量不是因为原始货币的投放量增大了，而是因为货币乘数变大了。

从国债资金的使用上来看，因国债发行而增加货币供给总量的作用，就更加明显。以我国为例。在社会主义市场经济体制下，由于我国政府的主导地位和国有金融机构的特殊性，中国财政资金的项目和国有企业往往能够以较少的自有资本杠杆带动较多的银行信贷。周其仁根据 2009 年的统计数据做了一个估算：财政投资项目和国有企业每新增投资 1 元，平均新增银行信贷 3 元。在此背景下，财政投资项目的平均资产负债率在 60% 以上，有相当一批政府融资平台的负债能力更高。这种通过国债资金的使用来撬动银行信贷资金的货币创造，一定程度上必然会导致带来通货膨胀的压力。

2.3 财政政策有效性的理论变迁

长期以来，围绕着政府是否应该实施财政政策应对经济困境或经济危机，西方经济学界曾经出现过多次的理论争议。在财政政策的有效性上，总体上可归纳为凯恩斯主义与自由主义这两种学派的经典学说。

2.3.1 古典学派的财政政策

古典学派的财政支出理论是现代西方财政学的理论渊源，是财政经济理论的非常重要的构成部分。该理论是新兴资产阶级兴起的理论基础，体现和反映了当时西方国家发展资本主义经济的要求。

威廉·配弟（William.Petty，1623 ~ 1687 年）是古典学派财政政策的奠基人。在其著作《赋税论》中，虽然重点是对税收领域进行研究，但也运用了非常大的笔墨对财政收支活动进行研究。在财政开支范围方面，他认为，财政支出的主要实施目标应该是振兴产业、提高国家生产力，因而应该增加生产性支出以及社会救助方面的支出，而诸如军事、行政、教会、教育、法院等方面的非生产性开支应该得以压缩。可见，威廉·配弟的观点是新兴资产阶级利益要求的反映和体现，具有一定程度上的进步意义。

亚当·斯密（Adam Smith，1723 ~ 1790 年）被视做财政学开山鼻祖。他于 1776 年出版了《国民财富的性质和原因的研究》，即众所周知的《国富论》。这部重要的著作不仅是古典政治经济学的重要理论著作，也是一部古典财政学的主要论著，由此创立了西方财政学。亚当·斯密阐述的主要财政思想有:①限定国家的职能范围。他反对国家干预,认为“管理最少的政府”就是最好的政府。在亚当·斯密看来，政府经费属于非生产性的，若要行使政府职能，必然会消耗社会物质产品，这是对社会财富的浪费，对于资本积累以及增长国民财富都会起到严重的阻碍作用，因而，政府的角色仅仅是充当“守夜人”，缩减自己的开支，把经费开支限定在国防、司法、公共设施和王室费用四种，在追求实现公共需求的同时制定最低限度的预算规模。亚当·斯密还提出，一种理想的税收制度应该体现平等、确实、便利、节约四项征税原则。②限制公债的发行。亚当·斯密不赞成政府平时发行公债，他认为只有在战时（由于平时积蓄不够，战时又耗费浩大）才可发行公债。因为政府发行公债会使私人投资转换为公共消费，影响生产的发展和减少资本的积累。公债积累过度会招致国家的破产。

作为古典经济学的集大成者,大卫·李嘉图(David Ricardo,1772 ~ 1823 年）关于财政理论的观点主要在其名著《政治经济学及赋税原理》中得以体现。李嘉图极力主张对经济实行自由放任的政策，这与亚当·斯密观点相一致。他认为国家经费几乎甚至全部属于非生产性质的消费，因此国家财政开支应得到最大程度上的压缩。另外，他还认为，今天的公债就是明天的税收。因此，不论是用征税的方式来增加收入，还是用发行公债的方式来应付刺激，其经济效果都是等价的。20 世纪 70 年代，美国预期学派巴罗继承并发展了这一理论观点。后人称之为“李嘉图—巴罗”等价定理。

2.3.2 凯恩斯主义的财政政策

20 世纪 30 年代的经济大萧条（Great Depression），彻底打破了古典经济学派关于市场机制自动调节市场经济发展的神话。经济大萧条时期，以宏观经济分析为主要特色的凯恩斯主义应运而生，也因此一跃登上西方财政学的宝座。自此，凯恩斯财政学正式成为经济学理论体系中的一个重要组成部分。

约翰·梅纳德·凯恩斯（John Maynard Keynes,1883 ~ 1946 年）在《就业、利息和货币通论》一书中系统地阐述了多种政策的理论。这些理论可以用来合理地说明财政刺激政策的问题。现代宏观经济理论和财政政策也是以该书中的经济理论和财政思想为起点的。凯恩斯否定了“供给自动创造需求”（此种观点为古典经济学派所广泛接受）的准则。他的观点是，市场机制有缺陷，需要政府这只“看得见的手”来纠正。同时，他提出，产生失业的原因是有效需求不足，而有效需求不足是由于消费需求和投资需求不足造成的。在他看来，流动性偏好、资本的边际效率递减以及边际消费倾向递减三个因素可共同发挥作用，这将导致社会的有效需求不足，此类问题在自由放任的市场体制中无法得以解决。因此，“要使消费倾向与投资引诱二者相互适应，故政府机能不能不扩大。”[①] 简言之，他极力主张政府扩大刺激，实施各种投资计划，进而刺激市场投资。

他认为，国家利用财政政策和货币金融政策对经济进行干预。其中，财政政策更重要，其作用发挥也更为有力和直接。与之相对比，货币金融政策主要是通过利息率的途径对经济产生影响，因此，货币政策只能起到辅助的功效。尤其是在经济衰退时，应该实行减税和扩大政府开支

① ［英］凯恩斯：《就业、利息和货币通论》，商务印书馆，1983。

的政策。在凯恩斯看来，仅仅依靠税收政策并不能拉动一国经济走出危机，这是因为变动税收，比如采用累进所得税的办法，虽然可以理论上使消费倾向提高并能够重新分配收入，进而扩大社会的有效需求，但是却忽视了短期之内消费倾向较稳定的事实。而相反，政府通过举债来刺激经济和弥补财政赤字的功效则非常明显。他曾经说："举债刺激虽然'浪费'，但结果倒可以使社会致富。"从上述表达可以看出，凯恩斯的观点和理论已经突破了传统的自亚当·斯密以来形成的平衡预算的财政政策观点。

简而言之，凯恩斯的核心思想就是主张运用扩大政府刺激的办法，刺激社会的需求，实现社会充分就业，即后世常谓的扩张性财政政策。

凯恩斯提出一系列针对传统经济的理论革命，直接导致西方财政理论发生了重大转折。自提出后，凯恩斯财政理论为现代世界各国的经济学者所接受，并继续发扬光大。其中，著名的美国经济学家、新古典综合派的先驱阿尔文·汉森，在继承凯恩斯学说的基础上，试图弥补凯恩斯忽视通货膨胀的缺陷，提出了"补偿财政政策"的具体主张。

作为新凯恩斯主义经济学的代表人物，美国的保罗·萨缪尔森（Paul A. Samuelson，1915 ~ 2009 年）是凯恩斯学派的集大成者。他的经济思想在 1948 年出版的《经济学》中主要得以体现。其提出的"混合经济理论"，是反对经济自由放任，主张国家干预经济的重要理论基础。在财政政策方面，其主要观点是：一是应增加福利开支。这是因为福利开支具有"内在稳定性"，可以自动调节经济运行，是稳定经济的一种重要手段。二是应扩大具有持续性的公共工程领域的投资。他认为，相比于政府的一般性开支，这更能促进经济增长和发展。三是政府应扩大基础理论与应用科学方面的投资和补助金力度，并且，政府应对培训劳动力和教育领域的公共支出给予充分的重视。

新凯恩斯主义在吸收了理性预期学派和供给学派等观点的基础上，主张供给管理与需求管理的结合，丰富和发展了政府干预经济的理论，使国家干预经济的政策体系步入新的阶段。

综合来看，凯恩斯及其追随者从分析现实的经济矛盾出发，对于财政刺激政策所持有的基本观点是，主张国家和政府对经济进行调控和干预，认为财政政策是国家调节经济运行的必要措施和手段，他们极力反对经济的自由和放任。他们的理论以社会化大生产为条件和基础，适应了资本主义国家发生的新变化，并且也体现了这些国家在经济发展中的现实缺陷，因此具有很强的借鉴意义。但不容忽视的是，西方资本主义市场经济国家长期执行凯恩斯的财政措施，虽然在一定时期有利于缓解经济矛盾，但从长远来看，此种财政政策也存在很多问题。比如，各国政府承袭罗斯福实施的财政政策给美国以及欧洲国家带来了滞胀，甚至到 20 世纪 70 年代的时候依然给许多发达国家造成很大问题，即“两高一低”:高失业率、高通货膨胀率、低增长率。而对各国财政赤字增加、债务膨胀、经济低速增长等问题，无法用凯恩斯理论来进行有效诠释。正是在这种背景下，同凯恩斯理论对立的西方经济学派及其政策主张应运而生。

2.3.3 反凯恩斯主义的理论派别

伴随着凯恩斯主义的日趋没落，货币主义、供给经济学、理性预期革命和新古典宏观经济学等反凯恩斯主义的经济学派相继出现。

1. 货币学派

货币学派于 20 世纪 50 年代在美国发轫，并于 20 世纪 70 年代蓬勃兴起。这一学派虽然重点论述货币在经济发展中的作用，但也涉及不少财政刺激理论。该学派以反对凯恩斯主义而著称，主要代表人物是米尔顿·弗里德曼（Milton Friedman,1912 ~ 2006 年）。作为货币学派的创始人，弗里德曼是对西方各国经济实践很有影响的经济学家。以他为代表的现代货币数量说，反对国家过多干预经济，倡导经济自由主义。

在财政政策方面，弗里德曼极力反对凯恩斯学派扩大刺激及其赤字财政的政策主张。他在反对凯恩斯主义倡导由中央银行根据经济情况随时调整贴现率等来调节货币供应的同时，强调货币政策的作用。弗里德曼认为，市场自发力量能够使经济自然而然地趋向均衡，而第二次世界大战后西方国家经济社会的大波动，都是由于政府采取了干预市场经济运行的错误政策造成的，因为政府所采取的干预措施经常造成短期经济的不稳定。他强调，政府若想保证财政政策能够持续长期地发挥作用，应该同时增大货币供给量，和利用创造货币来融资的办法相结合，共同促进经济增长，否则财政政策对经济只能起到微小或者是暂时的刺激作用。但是财政政策与货币政策相结合，容易导致财政开支和货币供应的过度膨胀。所以，凯恩斯学派主张的财政政策明显是扩大了经济的不稳定性，而不是相反。如果想达到既不会产生通货膨胀又能促进经济平稳的增长的效果，政府应该实施平衡的财政政策，减少刺激经济的财政政策力度，减少对经济的干预力度。

20 世纪 70 年代以后，弗里德曼的新货币数量说开始在美英等国取代后凯恩斯主义主流经济学的地位，成为西方国家制定经济政策的理论依据。美国前总统里根曾声称，其经济政策的指导思想来自弗里德曼。英国前首相撒切尔夫人更是以货币主义为纲领，制定并大力推行减少货币供应量、紧缩政府开支的经济政策。

2. 供给学派

20 世纪 70 年代，供给学派兴起，其以南加州大学的拉弗为代表。除拉弗以外，其主要代表人物还有温尼斯基、吉尔德、蒙德尔等。供给学派理论强调供给的作用，认为应主要依靠增加投资和提高劳动生产率的办法解决通货膨胀和失业问题。供给学派认为，减税是促使供给增加的基本手段。因为，减税可以刺激企业与个人增加投资与储蓄，相应供给会增加。此外，供给学派非常强调要降低社会福利，并将此作为促进经济增长和增加供给的一大措施，因为政府巨大的社会福利开支不仅不能使贫困人口摆脱贫穷状况，还会因为损害劳动力供给而使失业率上升，这是因为尽管社会上的失业人口规模很庞大，但其中相当大一部分是基于高福利而自愿失业的人口。此外，福利刺激需要配备较多的管理人员、福利机构以及复杂的福利管理方面的制度，总之，供给学派认为社会福利会导致社会财富的巨大浪费，必须大幅降低社会福利。

3. 理性预期学派

理性预期学派自 20 世纪 80 年代起成为宏观经济学的重要构成部分，代表人物有卢卡斯 (Robert Lucas) 和萨金特 (Sergeant)。该学派观点是：政策实施经常是无效的，这是公众理性预期的后果，因为公众可以事前对宏观经济措施和政策的结果进行预期，并对其做出理性的反应，而只有一些意外的没有被公众所预料到的政策实施，才会在一定程度上产生政策效果。因此，理性预期学派认为最优的经济政策就是不实施任何政策。该学派认为，经济若要实现稳定增长，货币供给增长率应保持稳定，同时财政政策也应该公开并取信于民，比如说税率方面就应该保持较强的稳定性。从根本上说，理性预期学派与古典学派主张自由放任的经济思想不谋而合，因而理性预期学派也常常被称作新古典主义宏观经济学。

2.3.4 凯恩斯主义的复兴

随着 2000 年互联网泡沫的破灭、2001 年“9·11”事件的发生以及 2008 年肇始于美国的国际金融危机席卷全球，学术界对宏观经济政策争论的本质发生了很大的变化。

在过去的 30 多年里，主流经济学家、宏观经济政策的制定者、中央银行领导等都坚持政府对市场经济的干预与调控以及大量的政策实施是市场经济诸多问题出现的根源。而终止大政府，减少政府的政策管控，恢复市场的秩序才是有效解决市场经济问题的方法。

2008 年国际金融危机爆发后，各国政府纷纷认识到，有必要支付巨额财政资金来进一步帮助经济复苏。即便政府计划不能救助经济的迅速复苏，但至少可以阻止失业人群的增加，防止已濒临破产的企业陷入更加深重的危机[①]。从2008年之后欧美各国此起彼伏的金融机构破产消息来看，西方国家长期奉行弗里德曼的自由主义理论已然不能解救市场自身引发的金融危机和经济浩劫。

从某种意义上讲，2008年美国金融危机的爆发无疑是新自由主义经济理论无能和缺陷的佐证。由此，也直接导致了某些凯恩斯主义的理论回潮。比如，萨缪尔森在金融危机之后的一次访谈中说："今天，我们见识了米尔顿认为的一个市场能够调节它自身的观点到底有多么的错误，凯恩斯的观点起到了重要的引导性角色。我希望弗里德曼依然活着，这样他就能够见证了他自己观念中的极端主义是如何导致自身的失败的。"不过，虽然金融危机让弗里德曼的信徒们颇为尴尬，事实上导致了凯恩斯主义的回归，但在话语权上，新经济自由主义仍然占据统治地位。

纵观国家干预主义与自由主义论争的实践，大体上经历了三个历史阶段：

第一阶段是从20世纪30年代到60年代期间。国家干预主义经济学与自由主义经济学在这一阶段的论争，是以古典经济学的失败和凯恩斯经济学的胜利而告终。

第二阶段是从20世纪70年代到21世纪国际金融危机爆发前。这一阶段，由于西方发达市场经济国家出现了滞涨危机，新自由主义战胜了国家干预经济的思想。新自由主义经济理论和经济政策在不少西方国家占据上风。

第三阶段是以21世纪第一次国际金融危机的爆发为起点。这次经济危机源于美国次贷危机，很快发展成为世界性金融危机和经济危机。这场危机爆发后，西方学界和普通民众中有越来越多的人认为极为泛滥的新自由主义思潮 对这场危机负有不可推卸的责任，西方政府很多采取了以新凯恩斯主

① 保罗·戴维森著，孙时联译：《凯恩斯方案：通向全球经济复苏与繁荣之路》，机械工业出版社，2010。

义为理论依据的应对政策。这一阶段，在危机可能性、危机程度和发展趋势、危机根源、危机的化解政策或措施等一系列问题上，新凯恩斯主义经济学与新自由主义经济学展开了激烈争论。新自由主义经济学占据的理论主导地位开始发生动摇，并随着经济危机的逐渐蔓延而趋于衰落。

总的来说，贯穿西方经济学思想历史的路线之争，仍然跳不出主张大政府的凯恩斯主义与崇尚民主的新经济自由主义确立的学术框架。在西方主流经济学实践中，政府干预经济与自由主义经济也都在属于各自的时代中各领风骚数十年，既出现过萨缪尔森在肯尼迪时代的辉煌，也产生了弗里德曼在里根时代的独步天下。尽管学术上有相当大的分歧，也产生过不少纷争，但实践中，一方的失败往往是由另一方来拯救，反之亦然。毫无疑问的是，凯恩斯主义与经济自由主义两大学派共同努力的结果是实现了学术力量的均衡，这就好比一个硬币的两面，不断地补充并完善着西方主流经济学的理论体系。无论如何，西方学界的经济主义之争也都不会逾越西方传统哲学和新教伦理的理论边界。①

① 朱迅垚：《萨缪尔森和弗里德曼：一对优雅的对手》，载《南方日报》，2009年12月16日。

2.4 财政政策的自动稳定功能与相机抉择功能的效用对比

一般来说，财政政策具有相机抉择功能和自动稳定功能。

2.4.1 自动稳定功能

传统经济学把财政政策称为“自动稳定器”，意指对经济会有自动调节作用。这其中的道理很简单：当经济高速增长的时候，一方面，无论是企业利润，还是个人收入都会迅速增加，相应政府的税赋会增加；税收收入和财政收入也会迅速增长。另一方面，税赋的上升也会抑制企业和个人的消费和投资热情，这会防止经济向过热的方向发展，因而会熨平宏观经济出现的波动。反之，当经济处于下滑期时，政府的赋税会减少，政府的财政收入也相应降低，这显然有利于防止经济出现大幅下滑抑或是进入通缩的轨道，从而有利于防止经济出现过度波动。

下面我们以我国为例考察财政政策的自动稳定功效。

自改革开放以来，我国经济发展经历过 20 世纪 80 年代中后期、90 年代前期以及 2005 年之后高增长这样三次过热阶段。同时，在这几个阶段，我国财政收入同样也呈高速增长态势。以 2007 年为例，我国 GDP 与财政收入增长幅度分别达到 14.2% 和 32.4%，双双触顶。

在过去 30 年中，我国也曾出现由 1998 年亚洲金融危机与 2008 年国际金融危机所引发的两次非常严重的经济下滑局面，与此相对应，这两个阶段的财政收入增长幅度也出现急剧下降。例如，我国财政收入的增长幅度 2006 ~ 2008 年分别为 22.5%、32.4% 和 19.5%，而 2009 年则降低为 11.7%。

上述事例和数据表明，我国的财政收入和经济增长两者之间存在非常直接且密切的关系。但值得注意的是，财政“自动稳定器”为什么没有发挥作用，有效防止经济出现三次过热和两次下滑的结果呢？也许会有人认为，两次经济衰退是受国际外在经济危机因素的冲击，在这种情况下，财政政策本身所具有的自发调节机制不能充分有效发挥作用，这确实是事实。但是我国经济发展中所出现的三次过热局面，却是自生现象，这也是事实。那么在这个过程中，“自动稳定器”为何没能及时为其“降温”呢？

出现上述问题的原因在于，财政政策作为“自动稳定器”，其作用若要有效发挥，需要两个“齿轮”，即财政支出和财政收入。其中财政支出具有重要作用。当经济处于高速增长阶段时，企业和个人的收入情况和财务状况会得以改善，失业率也会下降，需要政府承担的企业转移支付、社会救助、福利支出以及失业保障等方面的财政支出就会相应大幅减少。这显然有助于降低社会总需求，促使经济平滑运行。反之，如果经济处于下滑阶段，社会需要的财政支出规模也会上升，这有助于从反方向拉动社会总需求，预防经济步入萧条和衰退。

从本质而言，财政支出的“自动稳定”作用的发挥需要一个国家或地区具有健全的公共财政体制，财政支出作用的目标应定位在弥补市场缺陷和失灵方面，主要覆盖领域应包括医疗、教育、社会保障等方面。唯有如此，财政支出的逆经济周期特征和作用才能得以充分发挥。只有在充分满足此体制的前提条件下，财政支出与财政收入这两个齿轮才能咬合，才能让“自动稳定器”正常运转。

我国政府一直大量介入投资性、生产性活动。从严格意义上讲，由于体制惯性与路径依赖，我国公共财政体制依然局限于生产性、建设性方面，“保障性”范畴仍未全面覆盖。在经济高涨时期，我国各级政府往往难以遏制投资冲动，生产投资通常是顺周期行为。在此种体制背景下，我国的财政支出政策往往不但不能抑制经济过热现象，反而经常会顺周期地起到推波助澜的作用。这一点可以从历史数据中看出。在上文所述的三个经济过热的时间区间，我国财政支出的增长幅度曾出现急剧上升的局面。1984 年，我国财政支出增长幅度处于 20 世纪 80 年代的最高水平，达到了 20.7%；1994 年，我国财政支出增长幅度也处于 20 世纪 90 年代的最高水平，达到了 24.8%；2007 年，我国财政支出增长幅度达到 23.2%，是进入 21 世纪以来的历史最高点。

以 2007 年为例，也可看到“自动稳定器”作用失效的情况。为了遏制经济过热，我国政府在 2007 年出台了一系列宏观调控政策。然而事与愿违，经济当年仍然保持高速增长的势头。同时，在 2007 年，我国财政收入超收 7000 亿元，为 5.1 万亿元，可见，作为“自动稳定器”的一个齿轮，财政收入已经传递了我国当时经济过热的信号。然而，由于地方政府只将精力放在如何分配高额的财政收入这块蛋糕上面，没有将财政收入的超额量及时高效地转化为财政储备，从而导致当时财政支出飙升，进一步加剧了经济过热压力。更甚者，2007 年我国中央财政还安排了 2000 亿元的赤字，如此，财政支出不降反升，使财政收入产生的紧缩功效被迫抵消。可以说，财政收入与财政支出中任何一个齿轮不能转动，都将导致“自动稳定器”功效减弱。

总而言之，在经济处于过度增长或过度放缓的情况下，如果财政体制不健全，财政支出无法真正行使自动调节经济职能时，政府只能利用行政手段干预经济增长，然而此种方式的高成本和低效率经常会引发非议。

2.4.2 相机抉择功能

理论上，当一国出现财政入不敷出的情况时，政府通常采取发行债务的方法（包括国债、地方债务以及外债）或增税的方法弥补财政赤字，刺激经济增长。在金融危机或经济危机时期，各国的相机抉择的财政政策更多地表现为赤字政策。世界范围内各国的实践经验表明，相机抉择的财政政策既有积极作用的一面，同时也有消极作用的一面。

就其积极作用来讲，相机抉择的财政政策对经济走出危机的泥沼具有一定的拉动作用。1997 年亚洲金融危机爆发后，我国党中央、国务院果断决定实施积极的财政政策。之后的七年间，我国 9100 亿元长期建设国债的持续发行，不仅有效抵御了亚洲金融危机的冲击，而且推动了经济结构调整，有力地促进了国民经济持续稳定快速发展。

2008 年金融危机以来，各国为了刺激经济，都采取了扩大财政赤字的方法。可以说，这些财政政策对于缓解金融危机带来的严重冲击，摆脱资产价格暴跌和经济衰退局面，发挥了“功不可没”的作用。面对金融危机肆虐、各国经济明显衰退、国内经济增长放缓、出口急剧下滑的现实压力，我国政府及时宣布经济增长重点从出口转向内需，将财政政策从“稳健”调整为“积极”。其中，4 万亿元计划投资用于基础设施建设、农业补贴、廉租房、医疗和社会福利等方面。此外，2009 年还启动了呼唤已久的增值税改革，减轻了企业税负，并鼓励企业更新设备。这对于我国摆脱危机冲击，弥补出口造成的增长缺口，保持经济增长，有步骤地进行经济增长方式的转型，都发挥了巨大作用。

就其负面效应而言，相机抉择的财政政策蕴含着一定的风险。随着世界经济形势的发展，发达市场经济各国在周期性的财政收入减少的同时，财政支出却有增无减，由此堆积了巨大的政府债务负担与预算赤字。特别是受 2008 年美国次贷危机影响，欧元区各国的债务负担严重加剧，主权债务危机此起彼伏。在这种情况下，各国开始实施紧缩财政赤字的政策。毋庸置疑的是，这只是缩减财政支出的规模。相比较于财政收入规模的增加，各国财政收支状况离大抵平衡尚有较大差距，并且忽视了财政支出结构的问题，而这才是影响经济增长的关键。

2007 年，美国的赤字规模占 GDP 的比重为 2.8%，到 2009 年飙升为 12%，到 2011 年为 9.6%，政府债务在 2007 年为 62%，到 2009 年为 84%。之后持续上升，到 2011 年为 100%。日本赤字规模在 2001 年为 2.5%，到 2009 年上行到 7.4%，到 2011 年达到 9.3%，政府债务在 2007 年为 167%，到 2009 年为 189%，2011 年约为 204%；欧元区的赤字规模在 2007 年为 0.6%，到 2009 年为 6%，2011 年仍在 6% 左右，债务规模在 2007 年为 71%，到 2009 年为 82%，到 2011 年为 91%。这些财政赤字都是结构性的，2011 年之后，随着复苏与稳固计划的实施而有所缓和。

国际上通行的所谓安全警戒线，是指赤字占当年名义 GDP 的比例不超过 3%。2009 年，我国的预算赤字为 9500 亿元。如果按照 3% 的标准来衡量，财政政策的宽松度已经趋于极致了。为了保证 GDP8% 的增长率，我国政府通过两年 4 万亿元公共投资来实现。然而，在产能过剩的情况下，公共投资难以有效拉动最终产品的消费，对促进就业的作用也很有限，并进一步影响到税收。因此，按照赤字财政的底线和投资拉动的模式，我国经济难以实现良性循环，最后会导致财政政策的空间越来越小。这样的结果是，通过内需拉动经济的口号成了一句空话。从这个意义上说，相机抉择政策的空间和赤字政策所能发挥的效力主要受制于财政状况。

2.4.3 财政政策两大功能的效用对比

从政策效用来看，财政的自动稳定作用与相机抉择功能在促进经济增长方面无疑会发挥重要作用。但是，自动稳定功能和相机抉择这两者政策效用的发挥也需要一定的前提条件。

财政的自动稳定功能具体包括两个方面：一方面，要求财政支出和财政收入的“双齿轮”反方向“咬动”，从而推动经济的车轮前行。如果两者都增加或减少，就会使经济车轮失去动力，进而坠入盲目前行或倒退的轨道。另一方面，要求社会拥有健全和理性的财政体制做基础。

财政的相机抉择功能的发挥，具体考虑的因素主要包括：其一是要求政府把握好度、时间和经济结构的问题，考虑社会的经济增长方式和承受力。其二是在财政支出结构方面，要把握好用于扩大消费和扩大投资的支出比例。其三是要考虑社会产能问题，从而使经济既能向前发展，又不至于失去平衡。

一般而言，在经济处于平稳发展阶段，应更看重财政的自动稳定机制的作用。在极端经济条件下（比如金融危机或经济危机），财政的自动稳定机制的效力很小，就应该重点考虑采用相机抉择的政策，充分发挥政府的作用。根据经济形势的发展变化和宏观调控的特定任务，适时地相应调整财政政策。这是财政政策调控的灵魂和关键。政府应以对宏观经济走势的准确判断为前提，加强经济预测分析工作；同时，应根据财政收入与支出等各项具体政策的特征，选择合适的政策组合。

具体就我国实践而言，由于我国实行以流转税为主体的税收制度结构，所得税尤其是个人所得税以及公共财政体制的基本框架尚在建设与完善的过程中，严格地讲，现阶段财政政策的“自动稳定器”功能还难以完全有效地发挥作用。在这种情况下，我国更该以宏观经济运行态势、发展战略和特定的宏观调控目标为依据，相机运用财政政策的相关政策措施，通过改变财政的收入和支出来实现经济稳定和促进经济增长。

值得注意的是，短期内，要认真落实和执行财政政策措施的确能够起到一定的作用和效果，但是由于配套制度没有得到根本的改善，长期内难以发挥预期效果。从某种角度来说，为了真正地推进结构调整，刻不容缓的是制度的改革，而不是新的刺激性政策的推出。

2.5 在危机时期，财政政策比货币政策更为有效

现代市场经济中，财政政策与货币政策都是一国政府宏观调控相机抉择的重要手段。针对股票与房地产价格的过度波动，两种政策同样能够产生直接或间接的影响，进而实现逆经济周期的调控功能和政策作用。但在经济发展的不同时期，财政政策与货币政策所能够发挥的政策效用不同。

根据最一般的说法，在经济循环景气时期，货币政策往往比财政政策的作用更大，更加灵活。因为货币政策一般可以采取紧缩经济的逆周期政策手段，诸如升息、提高存款准备金比率等措施，并与其他政策手段配合。最终，能够将通胀和物价上涨控制住。相比较而言，财政政策在经济景气时期所能发挥的作用或政策效应比较小。在经济不景气的时期，相比较货币政策而言，财政政策对宏观经济的作用更大，更灵活，更有效。通俗地讲，就是财政政策在刺激经济复苏上要比货币政策能够起到立竿见影的效果。[①]吴军(2001)和刘金全（2002）通过实证检验都得出基本一致的研究结论：经济膨胀的时期，在抑制物价方面，呈现出货币政策强效应和财政政策的弱效应；而经

① 闻岳春：《如何认识财政货币政策的转向及对宏观经济、资本市场的影响》，招商证券研究报告。

济衰退的时期，在恢复经济增长的方面，呈现出财政政策的强效应和货币政策的弱效应。

对此的理论解释，可以借鉴资产负债表型衰退的理论假说和结论。这一理论假说可以帮助我们很好地理解20世纪90年代以来日本经济衰退的根源和本质，而且也能启发我们更好地理解和分析2008年以来由美国次贷危机所引发的全球金融危机。

从日本近十几年来GDP的情况不难发现，尽管资产负债表的衰退给日本造成的损失相当大，但是，不管在名义上还是实际上，日本的GDP仍然高于泡沫顶峰期。其中一个重要的原因，是日本的财政刺激支撑并刺激了经济的发展。而在2008年的国际金融危机中，日本之所以得以避免陷入类似于美国大萧条般的经济泥沼，最终也应该归功于长期持续推出的政府借贷和财政支出。某种程度上甚至可以说，日本的财政刺激政策是经济发展史上较为成功的政策之一。

在过去十年里，日本的货币政策和货币供应事实上完全依赖于日本借贷的增加与政府的财政政策。财政政策既是日本货币供应规模的决定性因素，也是确保货币供应量稳定增长的唯一有效途径。

当经济陷入资产负债表型衰退时，传统货币政策的作用路径和影响机制是失效的，而财政政策才是有效的政策工具。这是因为，作为两大宏观调控政策之一，货币政策经常利用再贴现政策、存款准备金以及公开市场业务等工具调节货币供应量，从而达成稳定货币和促进经济发展等一系列货币政策目标。如果中央银行采取放松银根的政策，通常会直接导致货币供应的增加。在此情况下，除了实体经济发展获得必要的支持外，相应地导致市场上的资金面较为宽松。这样一来，大量游资无疑需要寻找新的投资机会，股票市场便成为理想的投资对象。一旦宽松货币政策形成的大量闲散资金进入股票市场，就会引起对股票需求的增加，一般会立即促使股票价格上升。反之，中央银行收紧银根，减少市场上的货币供应，在资金普遍吃紧的情况下，流入股市资金就会减少，加上实体经济领域的企业抛出持有的股票，以获取现金，又会减少股票市场的需求，造成股票市场交易的萎缩，进一步导致股票市场价格走跌。

可以说，一国经济当遭遇资产负债表危机时，由于财政刺激不足而引发的问题严重程度，要远远超过因财政政策刺激过多而引发的问题。因此，在经济陷入资产负债表型衰退时，实施更多的扩张性财政政策来刺激经济复苏事实上要比财政政策的刺激不足要安全得多。

但是，实施积极的财政政策还需要注意一些制约因素。2008 年国际金融危机导致全球经济陷入长期衰退，按照道理，引导经济走出危机泥淖，应该采取扩张性的财政政策，但是这样做会遭遇政治层面的阻碍和考验：第一是来自国家内部的政治压力。比如政府应向陷入危机的金融机构进行注资，帮助其修复资产负债表，但是，政府注资用纳税人的钱去救助金融机构往往会导致舆论上的责难。以欧洲国家陷入主权债务危机为例，沉重的债务负担使政府通过财政手段来化解危机的可操作空间十分有限，比如可以通过减少社会福利进而减少政府开支的方法使欧洲国家摆脱沉重的债务负担，但是在欧洲高福利的社会条件下，这样的财政手段是不现实的。第二是来自国际上的阻力。以美国为例，由于美元是国际储备货币，如果美国政府实施扩张性的财政支出政策，增加财政支出力度，国际上持有美元资产的国家因此便会忧虑美元资产贬值，从而使美元遭受来自国际层面的较大压力。

那么，在针对经济波动的货币政策与财政政策方面，如何进行相机抉择呢？本书的主要观点是：

经济危机期间，极度扩张的货币政策效果非常有限，非但不能解决经济过度波动的问题，实际上，货币政策的实施反而会对经济的长远发展造成巨大伤害，带来新的问题。可以说，在经济危机时期，财政政策相比较于货币政策而言能够发挥更大的功能和作用。鉴于经济危机引发的资产负债表效应会使货币政策失去效力，政府的首要工作是考虑以财政政策为主，以货币政策为辅的政策组合。

2.6 本章小结

扩张性财政政策是指通过分配活动来增加社会总需求的财政政策。扩张性财政政策对经济带来正面效应的同时，也会产生一定的负面效应。

财政政策的正面效应主要表现在：第一，能够弥补市场失灵。第二，促进经济增长。第三，阻断经济危机的蔓延。

扩张性财政政策可能对经济产生的负面效应主要表现在：第一，财政政策对经济产生挤出效应。第二，引发财政赤字或国家信用危机。第三，引发通货膨胀压力。

长期以来，围绕着政府是否实施财政政策应对经济困境或经济危机，西方经济学界曾经出现过多次的理论争议。在财政政策的有效性上，总体上可以归纳为凯恩斯主义与自由主义这两种学派的经典学说。

当经济陷入资产负债表型衰退时，传统货币政策的作用路径和影响机制是失效的，而财政政策才是有效的政策工具。

3 影响资产价格波动的一般因素

——以股票和房地产价格为例

资产价格尤其是股票与房地产的价格，极易出现剧烈波动。特别是当全球经济呈现出流动性泛滥，虚拟经济严重背离实体经济的基本特点时，如何应对资产价格的剧烈波动是现代政府面临的最大难题之一。本章以股票和房地产价格为例来分析影响资产价格波动的一般因素。

3.1 相关概念界定

3.1.1 资产与资产价格

1. 资产

资产指的是任何能够作为价值贮藏的财产或所有权。资产可分为金融资产和实物资产。实物资产指的是建筑物、土地、生产所用的机械设备、技术工人、知识等。金融资产与实物资产相对应，以债券、股票等形态展现。由于股票与房地产通常情况下在居民所配置的资产组合中占据绝对比例，故一般研究把重点集中在股票和房地产这两类资产上。

2. 资产价格

通常以现金流表示资产的未来收益。就现金流产生方式而言，股票资产与房地产资产有所不同。股票资产未来的现金流主要以分红方式产生，而房地产未来的现金流主要以房租收入的形式产生。两者也有相同点，即都能够以出售的方式进行变现和获利。其通过出售获得的经济利益则以差价的形式体现出来，但是在这方面，两者也有所不同。

股票市场具有高流动性特征，股票持有者中既有短线投机者也有长期投资者，这就为股票短期投资和获利创造了基础条件。但是房地产具有变现成本较高的特点，以频繁交易获取价差这样的投资方式并不适合房地产投资。相反，房地产领域的投资者更加注重的是房地产资产的未来升值空间以及稳定的房租收入。另外，投资方式和投资者结构的不同也会引发股票资产和房地产资产的定价及影响因素的差异。

论及资产价格，必须首先从资产定价模型谈起。资产定价模型林林总总。其中，1952 年，马柯威茨创立了基于均值方差模型的资产选择理论。威廉·夏普 (1964)、林特纳 (1965)、莫辛 (1966) 在马柯威茨的基础上，各自建立了风险资产方面的均衡定价模型，即我们通常所说的资本资产定价模型 (CAPM)。但是，CAPM 理论存在假设条件过强的弊端，在此基础上，斯蒂芬·罗斯 (Stephen A·Ross)(1976，1977) 采用“无套利”的方法搭建了套利定价理论 (APT)。之后，行为资产定价模型 (BAPM)、异质信念资产定价模型以及因素定价模型等纷纷出现，这些定价模型都有共同的根基。就是说，既然资产所有权是一种对劳务或商品的要求权，那么即使资产定价模型具体表现形式上有差异，但它们都存在相同的假设条件，即假设参与资产交易的人们的目的都是最优化自己的一生消费支出。

为了达成这一目标，人们要求所选择的某种资产满足如下条件：在现在时刻增加一单位消费能够获取的边际收益要等同于将这一单位的货币投资于该资产，而将来出售该资产进行消费所获得的边际收益。如此，便会出现这种资产风险调整的预期收益和无风险利率两者之间的套利条件，所以一种资产的价格等同于预期收益的风险调整现值。简而言之，某资产在一段时期的价格应该表示为其在这段时期内所获得的收益与名义无风险利率和持有此资产的风险报酬率，以及资产的名义报酬率的增长率之间的比率。

3.1 2 股票资产价格

1. 票面价值

股票的票面价值是指在股票票面上明确标明的金额，又称股票面值。通常来讲，票面价值的参考意义主要体现在股票初次发行时。如果将面值作为发行价，即是平价发行，上市公司若采用平价发行，通过发行股票所募集的资金等同于股本总和。而如果发行价格高于面值，则被称为溢价发行。此时，在上市公司募集到的资金中，等同于面值总和的部分被计入上市公司的资本账户，而发行中超过票面金额而所得的溢价部分则被列为公司资本公积金。

伴随时间的迁移，上市公司的净资产通常会发生变化。而股票的票面价值与每股净资产之间逐渐背离，与股票的投资价格之间也没有必然的联系。尽管如此，股票的票面价值代表了每一份股份占总股份的比例，在确定股东权益时，仍有一定意义。

2. 账面价值

账面价值又被称为每股净资产或股票净值。在没有优先股的情况下，每股的账面价值等同于上市公司净资产除以发行在外的普通股股数。公司净资产是公司资产总额减去负债总额后的净值，从会计角度说，等于股东权益价值。股票账面价值的高低对股票交易价格有重要影响，但是，通常情况下，股票账面价值并不等于公司股票的市场价格。主要原因如下：第一，会计价值并不等于资产的实际价值，前者一般情况下表明的是历史成本或按某规则计算出来的公允价值；第二，股票的账面价值并不能够体现上市公司未来的发展前景。

3. 清算价值

清算价值指的是上市公司在清算时每一股份能够代表的实际价值。从理论上讲，清算价值应该与账面价值一致，但实际上并非如此。只有当清算时，公司资产实际出售价款与财务报表上的账面价值一致时，每一股份的清算价值才与账面价值一致。清算时公司的资产往往只能压低价格出售，再加上必要的清算费用，所以大部分上市公司的实际清算价值要低于账面价值。

4. 内在价值

股票内在价值即指股票未来收益的现值，也即理论价值。通常来讲，股票市场价格总是围绕其内在价值上下波动，也就是说股票的内在价值决定其市场价格。在估值方面，股票市场的平均利润增长率和投资股票市场所产生的机会成本决定股票市场资产价格的估值水平。当股票市场规模足够大时，投资股票市场的收益率将等同于实体经济的平均利润增长率，股票市场的投资收益率通常参照 GDP 的增长率来衡量。投资股票市场所产生的机会成本，可依据资金借贷成本即利率来衡量。由于未来收益及市场利率的不确定性，各种价值模型计算出来的内在价值只是股票真实的内在价值的估计值。

在 1929 ~ 1933 年大危机之后，股票资产定价的研究和理论逐步得以发展。格雷厄姆和多德（1934）通过深刻反思美国股票价格暴跌现象，提出了公司的未来盈利能力决定股票内在价值的思想。凯恩斯认为股票价格应该等同于资本的边际效率加上风险补偿之和，并于 1936 年提出股票价格代表证券市场平均预期的思想。1938 年，威廉姆斯在其著作《投资价值理论》中，第一次完整全面介绍了股票内在价值等同于未来股利贴现值的思想。之后，戈登对股票的内在价值进行了量化，提出股票定价现金流量模型，即对于一个永远派息的公司，其股票价格和股息的关系可以用 $P=\frac{D\times(1+g)}{(k-g)}$ 表示，其中，P 代表股票价格，D 代表股票年息，g 代表股息期望年增长率，k 代表股票期望年回报率。

3.1.3 房地产资产价格

与股票不同，房地产资产是有形的，其兼具商品属性和投资品属性。双重属性的存在使得房地产资产价格的影响因素更为复杂。房地产的价格受当期和滞后的收入增长以及实际利率等因素影响。但是，这些影响因素只是决定房地产的基础价格或内在价格，实际中，市场上的价格往往与内在价格有很大差别，即我们通常所说的“超调”或“低调”现象。一般所指的资产价格波动幅度，即指资产价格相对于基础价格所偏离的程度。影响房地产价格发生波动的因素有：市场供求的变化、宏观经济运行情况、基础利率的波动、消费者和投资者的收入财富水平和对市场预期的改变、经济政策的变化等，上述因素都会使房地产价格产生波动。

3.2 影响股票资产价格波动的主要因素

宏观经济发展水平、上市公司行业前景与经营状况、货币供应量、国家宏观经济调控政策以及心理预期等因素都能影响投资者对将来股价预期，从而影响当前买卖决策并最终导致当前股票市场资产价格变化。通常把这些因素视为导致股票资产价格出现波动的最主要原因，也是影响股票市场资产价格的基本因素。

3.2.1 宏观经济发展水平与阶段性特征

一国或地区的宏观经济发展水平与运行态势是影响股票价格波动的重要因素。通常说来，当一国或一地区能够保持一定的经济发展速度，拥有良好的经济运行态势，大部分经济主体的经营运行情况也保持良好状况，那么，股票价格就通常会上升；反之，股票价格会下降。一个社会经济的运行经常表现为经济扩张与收缩的周期性交替。一般都要经过高涨、衰退、萧条、复苏四个阶段，即所谓经济周期的景气循环。实证结果表明，股票价格波动受经济运行周期的影响非常显著。这说明，经济周期的景气循环是决定股票市场价格长期波动趋势的最根本因素。

由于股票价格是对未来收入的预期，所以先于经济周期的变动而变动。即，在经济高涨后期，股票价格已率先下跌；在经济尚未全面复苏之际，股票价格已经先行上涨。国外学者研究认为，股票的价格变动比经济景气循环周期要早4～6个月。而股票市场资产价格的变动，往往比实体经济的繁荣或衰退领先一步。从这个意义上讲，股票资产价格的波动水平也就成为反映经济周期变动的灵敏信号（又称先导性指标）。

宏观经济运行情况对股票价格影响具有波动幅度大、波及范围广、作用机制复杂和干扰程度深的特点。其影响股票市场价格波动的过程通常是：复苏阶段——股价回升，高涨阶段——股价上涨，危机阶段——股价下跌，萧条阶段——股价低迷。经济周期变动通过下列环节影响股票价格：经济周期变动—公司投资利润增减—股息增减—投资者决策变化—市场供求关系变化—股票资产的价格变化。可以说，股市是经济运行的晴雨表，投资者对于股票市场的热度能够清晰反映宏观经济的运行态势与变动情况。

股票市场的价格还呈现出较为明显的阶段性特征。从宏观层面考察，阶段性特征表现为一个国家或地区的股票价格波动与所处的经济发展阶段息息相关。一般代表性的看法是将股票市场的成熟性与波动性联系起来，认为股票市场的成熟伴随着较低的波动性。我国股票市场是在改革开放和现代化建设进程中逐步成长和发展起来的，由于证券市场的运作是处在计划经济体制向市场经济体制转轨过程中的特殊环境下，具有“新兴加转轨”的特征，国有成分比重较大，行政干预相对较多，阶段性波动较大，投机性偏高，机构投资者力量不够强大等，由此导致证券市场对宏观经济的反应存在特殊的不确定性，因而呈现了其波动规律的特殊性，但市场化改革进一步促进了股票市场结构性的转变，股市正由以政府为主导向以市场为主导过渡。①

① 朱慧慧：《中国股市波动性的统计分析》，载《统计科学与实践》，2005（7）。

3.2.2 上市公司经营状况与成长性

作为微观经济主体，股份公司的经营状况是股票市场资产价格的基石。从根本上，一国社会经济周期的景气决定了上市公司的经营状况，而上市公司的经营状况影响股票市场资产价格的长期变动趋势。这是影响股票市场资产价格的重要因素。理论上，上市公司的经营状况与公司股票价格的变动水平成正比。一般而言，上市公司经营情况良好，股票价格就会随之上升。反之，则会下降。公司资产净值、盈利水平、销售收入、派息政策和派息方式、公司增资和减资情况、原材料供应及股票价格变化（针对生产性企业而言）、公司改组或合并等因素都可以体现和反映上市公司经营情况。另外，从宏观角度看，经济政策的调整、经济形势的变化、供求关系的改变这些因素也会影响上市公司的未来收益情况，并进而导致股票内在价值发生改变。

分析上市公司的经营状况，不能仅仅将目光盯住上市公司的过去及当前的业绩，还要关心上市公司的成长性。公司的成长性就是公司实现可持续成长的能力，是公司对内充分挖掘自身资源潜力，对外把握一切投资机会，从而实现量的增长和质的提高的一种能力。它反映了公司未来发展的一个趋势。一家公司即使当前收益很好，但如果成长性不好，也就失去了可持续发展的动力，也不会很好地吸引投资者。判断一家公司成长性的主要指标包括：①公司所属行业。处于周期波动不同周期节点的行业将有明显的表现差异。处于周期上升期的行业出现需求旺盛、生产满负荷和买卖活跃的现象，所属这一行业的企业一般也会因此而获利；反之，处于周期下降期的行业出现需求萎靡、生产能力过剩、产品滞销、应收款增加、价格下跌，这一行业的很多企业也会因此而产生亏损。②公司经营战略。经营战略具有全局性、长远性和纲领性的性质，它从宏观上规定了公司的成长方向、成长速度及其实现方式。③市场开发能力。市场开发能力是成长性企业的内在要求。开发市场是高速发展性企业思维的核心。市场占有率是衡量一个企业业绩的重要指标，市场开发能力是提高市场占有率的唯一途径和重要源泉。④公司规模变动特征及扩张潜力。公司规模变动特征和扩张潜力一般与其所处的行业发展阶段、市场结构、经营战略密切相关，它是从微观方面具体考察公司的成长性。

3.2.3 货币政策变动

货币政策是影响股票市场资产价格的主要因素。货币政策对股票市场资产价格的影响主要通过存款准备金制度、再贴现政策、公开市场业务、利率政策等进行传导。具体包括：

（1）法定存款准备金率。中央银行通过调整法定存款准备金率，控制商业银行可贷资金数量。这样一来，可以通过影响股票市场资金的充裕程度，进而影响股票市场的资产价格。

（2）再贴现率。中央银行通过再贴现率的调整，一方面，通过控制商业银行可贷资金数量，使商业银行得到的中央银行贷款增多，相应流入股票市场的资金趋多，股票资产价格会持续上升。另一方面，股票的内在价值与一定风险下的贴现率呈反比关系，贴现率的变化将引发股票内在价值发生改变，进而导致股票价格的调整。

（3）利率。作为货币的一种替代资产，股票资产价格会受到货币资金的价格——利率的影响。中央银行的货币政策通过调整利率的途径对股票资产的价格变动产生影响。

一是影响实体经济的利息负担情况。上市公司的利息负担会伴随市场利率的提高而加重，公司净利润和股息相应减少，直接导致股票资产的价格下降；市场利率下降，企业利息负担减轻，公司净盈利和股息增加，股票资产价格上升。而且贷款利率的变化，也会对某些上市公司的经营产生影响，并通过影响公司股票未来价格的估值水平，来最终影响股票的资产价格。

二是股票市场的投资成本。主要表现在两方面：一方面，通过调整存款利率的变化带来资产组合的替代效应，因为存款利率的变化将会促使投资者在股票与储蓄之间做出选择，这将直接影响到股票市场投资资金的流量和流向，并最终影响到股票价格和股票市场的资金供求情况。比如，利率下降使得资金供给增加，充沛的资金容易流向股票市场，对股票的需求增加，使股票价格上升。又如，利率下降使融资者能以较低利率借到所需资金，资金成本的下降，导致增加对股票的融资需求，进而能够促使股票价格上涨。可以说，在市场资金量一定的条件下，利率下降时使得股票市场的相对投资收益率增加，导致股票价格上升。

如果利率提高，同样存在两方面原因：一方面，证券投资的资金成本相应增加，投资者必须负担较高的利息才能借到所需资金。而且允许进行融资融券交易，买空者的融资成本相应提高，投资者会减少融资的需求，股票的价格下降。另一方面，股票市场的资金会流向储蓄、债券等其他收益固定金融工具，对股票的需求减少，股票价格下降。

马星亮、熊燕、赵健宁基于 ARMA(1,1)-GARCH(1,1) 模型，经实证研究认为，从总体上来看，利率发生改变，投资者投资股票市场的机会成本也会发生改变，从而影响投资者的股市参与程度，最后导致股市的波动。而利率对股市波动的作用机制则非常复杂：第一，不同期限的利率代表不同的资金使用期限，这会影响投资者的投资决策，对股市的影响则在滞后期表现出不同的特点。第二，预期到的还未预期的利率变化对股票价格的影响也有所不同。第三，利率上升和利率下降对股票价格所产生的不同影响与投资者的心理因素有较大的关联性，这增加了传导机制和传导过程的复杂性，需要进一步研究。

需要说明的是，上述影响股票价格的传导途径需要较长的一个时期才能得以体现。这源于利率变化、储蓄分流、股价波动之间的时滞效应。并且，利率变动对于企业成本和经营方面所产生的影响也需要包括生产与销售在内的整个资本运转过程。所以，研究利率和股票市场的相关关系应着眼于长期的角度。

（4）公开市场业务。中央银行通过在公开市场上大量买入或售出证券，来调整银根。这样，中央银行在影响基础货币供应量的同时又影响股票的需求，最终能够影响股票市场资产价格。

此外，货币政策的实施还可能对实体经济产生影响，通过改变各方面的心理预期来对股票市场价格产生间接影响。需要说明的是，货币政策对股票市场资产价格的影响是一种预期效应。

3.2.4 财政政策变动

一般来说，作为政府宏观经济政策，财政政策的变动能够对股票市场资产价格的波动直接产生较大的影响。财政政策变动对股票市场资产价格的影响主要体现在以下几个方面：

1. 财政支出规模或方向的调整

财政支出调整可以从宏观和微观的层面对股市产生影响，我们以扩张性财政支出政策为例说明。

在宏观层面，政府可以通过扩大财政支出的方式增加对劳务和商品的需求，这有利于扩大社会总需求，继而会扩大投资需求，从而使社会经济发展速度加快，拉动社会景气度整体上扬，这也会活跃证券市场，使股票价格上升。

在微观层面，财政支出的增加会刺激投资需求，投资的主体是企业，这会促使企业扩大生产规模和投入，企业的产出和销售情况随之改善，进而企业的利润水平也会得以提高。可见，扩张性财政支出可以促使企业经营条件整体得以改善，从而带动相关股票价格上扬。尤其需要说明的是，一些与政府支出密切相关的上市公司，将会最直接、最迅速地从扩张性的财政支出政策中获益，其股票价格也会率先上扬。与此同时，扩张性财政支出政策也会增加居民作为股市投资者的信心，从而带动证券市场使股票价格上扬。

以上是扩张性财政支出政策对股票价格的影响分析，但是上述影响是在合理界限内，如果过度使用该政策，导致赤字规模超出合理范围时，虽然社会总需求有所扩大，但却也增加了经济的不稳定不合理因素。比如如果因此造成物价上涨、通胀压力增强时，企业和居民对经济的预期不乐观，由此反而导致股票价格的下滑。

2. 税收政策的调整

税收政策影响股票价格波动的渠道表现在两方面：一方面通过企业的渠道。税收政策可以采用税收优惠、税前抵扣、税率改变的方式，这些会影响企业的经营业绩和投资收益，从而影响企业的资产收益率，并最终影响股票资产的价格。另一方面通过股票市场渠道。政府还能够运用税收政策调节投资者的机会成本和交易成本，通过影响投资者的资金流向，以此对股票价格施加间接影响。

首先，就企业而言，通过调整税率来增加或减轻相关企业的税负担，从而降低或增加企业的税后利润及股息派发情况，并最终影响到股票市场资产价格。分别来看：

一是免除所得税。企业所得税的减少能够直接增加上市企业的税后利润，增加每股税后收益，使股票资产更值钱，促使股票的交易价格上涨。此外，税后收益增加可能会增加企业投资，进而带动社会整体需求的增加，促进经济增长，进一步增加企业预期利润，提高了企业未来市场价值，从而使股票价格有长期上扬的可能。二是纳税扣除。纳税扣除能够降低纳税人的应课税所得额，尤其是在累进所得税制下，企业纳税人的所得额愈高，纳税扣除的实际效果越强。三是税收抵免。在税收抵免中，投资抵免最为常用。例如根据抵免政策的相关规定，凡对可折旧性资产投资者，可在当年应付公司所得税税额中扣除相当于新投资设备价值某一比例的税额。四是延期纳税与加速折旧。对纳税企业来说，这两项税收支出的政策措施相当于给予了一笔无息贷款，能在一定程度上减轻纳税人的财务负担。以上税收渠道增加了企业的利润，提高了企业的资产收益率，从而提高了企业股票的价格。

诸如，国家对某些行业、某些企业实施税收减税优惠政策，提高出口退税率等税收政策措施，那么这些行业及其企业就会处于有利的经营环境，其税后利润和股息增加，该行业及其企业的股票价格也会随之上扬。相反，通过缩小减免税范围、提高税率的方式，增加企业税负，降低企业的税后利润，进而导致股息发放减少。反之则反是。

其次，就股票市场的渠道而言，投资者的资金成本与交易成本都能影响股票资产的投资收益，进而影响投资者股票投资的积极性。政府调整证券交易相关税收的税率，可以通过影响税收成本高低，来调控股票市场投资资金的流向。

证券交易相关税收主要包括利息税（储蓄所得税）、资本利得税（个人所得税）和证券交易税等。利息税与资本利得税的变动都能够直接影响股票投资机会成本的高低。政府可以提高或降低这两种所得税率，通过增加或降低投资者股票交易的支出成本，以此改变投资者机会成本的高低。在相关税种设置中，与股票资产价格变动关系最为密切的当属证券交易税。证券交易税的调节能够直接影响股票交易成本，进而影响股票市场资产的交易价格。西方发达市场国家往往直接通过印花税率的变动来干预股市。通常来说，当市场人气过旺、股市泡沫加大时，政府往往会提高证券交易印花税，加大投资的交易成本，使过旺的投资需求降下来。而当股市交易人气极度涣散、交投过于萎靡时，政府又会通过降低交易印花税的税率，减少证券交易成本，影响投资者的交投倾向，从而刺激股市上涨。 特别是对一些新兴市场国家来说，为了加快发展和完善证券市场，如果在某个时期内免征证券交易所得税，将刺激证券市场价格的上涨。

假定一资产能产生长期收益，其现值计算公式为：

$$PV=\sum_{i=1}^{n}\frac{R_i}{(1+r_i)^i}$$

其中，i 为期数，R_i 为第 i 期收益，在这一资本出卖时，买方能接受的价格为 PV。假设政府每期向资本收益征税 T_i，则资本现值变为：

$$PV'=\sum_{i=1}^{n}\frac{R_i-T_i}{(1+r_i)^i}$$

这时买方为购买这一资本品愿意支付的价格亦降为 PV'。

3. 国债发行

在整个证券市场的投资品种中，国债与股票是证券市场上主要的交易券种。国债发行规模的缩减，可以对证券市场原有供求平衡的结构产生影响。比如，减少证券市场上国债的供给，对固定收益证券的需求减少，国债市场的资金会转向股票、企业债券等其他交易券种，从而推动股票市场资产价格的水平上扬。反过来，增加国债的供给量，资金会转向国债市场，股票市场的总体价格趋于下降。

因此，政府通过发行国债筹集资金时，由于国债的发行，股票市场的资金供应和资金需求也会发生改变，进而通过间接价格传导机制来影响股票资产的价格。某个时期国债发行规模的缩减，回购国债数量的增减都能改变证券市场的供给数量，从而对股票市场的供求产生影响，促进更多资金在股票市场转移。国债发行政策对股票价格上扬或降低的影响作用往往在短期内的。简言之，国债发行量的增加或减少会使证券整体供给数量与市场资金需求发生相应改变，从而能够间接影响股票价格的波动。

4. 其他财政措施

又比如，转移支付渠道。政府可以采取加强社会保障支出力度的方式进行转移支出，这可以减轻人们对未来的忧虑，增强人们抵抗风险的能力，进而刺激人们增加当前投资和消费，并提高股票价格。再比如，通过政府救助制度，增加财政补贴渠道。通过对私人部门的救助制度对股票价格产生影响。如果私人部门能够预期到政府可能对会计报表上的损失予以担保，那么银行和投资者就会产生道德风险。当一国政府采用各种财政政策方法增加财政收入，或者减少财政预算支出的时候，会影响经济主体对未来财政收入与财政支出计划的预期，进而影响相关企业的利润预期，并在一定时期内加剧股票市场的价格波动。

3.2.5 心理与情绪等非经济因素的影响

通常来说，非基本面的因素主要包括战争、政权更迭、领袖更替等政治事件，国际社会政治、经济的变化等因素，随着世界经济一体化的进程，国家之间、地区之间的政治、经济关系更趋紧密。加之先进通信工具的运用，国际关系的细微变化，都可能引致各国股票市场发生敏感的股价联动。

在这里以投资者情绪等心理状态为例来说明。投资者的情绪等心理状态对股价的影响，是分析股票资产价格变动的重要因素。从世界各国及我国股票市场的情况看，市场上的投资者普遍存在着狂热等非理性的心理预期。很多资料显示，投资者的非理性行为，诸如羊群效应、过度自信乐观、过于短视，等等。这些都会导致股票资产价格的剧烈波动。可以说，预期的心理因素对股票资产价格是不可忽视的因素。

比如，当大部分投资者都对股票市场抱有乐观态度时，就会忽视一些潜在不利因素，且易夸大有利因素对股票市场的影响。在这种情况下，广大投资者就会踊跃买进股票，导致股价脱离上市公司的实际业绩情况，飞速上涨。反之，当大部分投资者都对股票市场抱有悲观态度时，便会忽视潜在的很多有利因素，不考虑上市公司的优良业绩与经营状况，而放大不利因素的影响，导致盲目地大量抛售股票，股价下跌。还有另外一种情况，即当大部分投资者对股票市场持观望态度时，由于市场交易不活跃，股票价格在这种情况下通常呈盘整格局。

股市中，一些中小投资者和散户缺乏必要的投资技巧和专业知识，且信息容易不灵，很多时候有非常严重的盲从心理，一些人便利用他们盲目跟从的投资心理，故意渲染气氛、营造假象，诱使广大中小投资者盲目追涨或跟跌，这无疑会加大股价涨跌的程度。学术界称这种现象为羊群效应。

关于羊群效应，学术界有不同的观点。LSV（1990）提出，机构投资者有可能在某些时刻对同一个基本信息进行交易，这时所引致的羊群行为会导致股价加速调整，这时羊群效应不仅不会造成股价过度波动，反而会使市场更加有效。然而，更多的理论模型还是认为羊群效应带来的结果是负面的，因为投资者相互传染、相互模仿，便会使资产价格偏离基础价值，从而放大外生的价格波动冲击，使股票市场波动异常。

3.3 影响房地产资产价格波动的一般因素

从国内外研究文献资料与实证研究结果来看，影响房地产资产价格的主要因素包括收入、利率、人口、税收结构、住宅供给、信用可靠性、住宅成本、人口（家庭）结构和租金等。我国由于处于转型期间，房地产市场的真正发展时间还较短，相比于国外，影响我国住宅资产价格的主要因素存在一定差异。

3.3.1 影响房地产资产价格的经济因素

通常来讲，影响房地产价格的重要因素可分为外生因素与内生因素。其中，经济因素、社会文化因素和政策因素属于影响房地产资产价格波动的外生因素。经济因素又包括经济发展因素、金融因素和产业结构因素几个方面。相比较而言，区域性因素、包括宗地因素以及建筑等个性因素属于内生因素。在这里，经济、社会文化和政策因素仅仅限于对上市企业或房地产行业经营状况的影响分析。

1. 宏观经济发展因素

与股票价格波动的影响相同，一国或地区的宏观经济发展也是影响房地产市场价格的重要因素。当一国或地区的宏观经济运行势态良好，保持一定的发展速度，房地产价格会上升。反之，房地产价格会趋于下降。宏观经济增长是财政政策影响房地产资产价格的主要路径。

一般而言，经济景气周期、国民经济发展速度、居民收入水平、通胀水平等因素都会导致房地产资产价格产生波动。但一国经济的持续发展，是支持房地产市场资产价格上涨的主要原因。在国民经济发展速度快、资金充裕、居民收入水平高的区域里，用于消费、投资部分的国民收入总值就会加大，在房地产市场方面的投资性、生产性或消费性等支出自然也会增多，从而推进房地产业出现繁荣，进而拉动房地产资产价格上涨。

第一，国民经济发展周期与房地产市场发展周期在总体趋势上呈现基本一致状态。相关研究表明，一国的经济形势与经济状况如经济周期景气循环等，对房地产价格会产生基础性的决定作用。一般而言，当经济处于上升或繁荣阶段时，房地产市场资产价格会呈现稳定的增长态势。

第二，通货膨胀水平与名义房价之间会相互影响。由于房地产具备投资品属性，故对房地产还存在着投资需求。一旦当房地产作为投资品时，就具备了金融资产的性质。故此，房地产资产的价格不仅受到房地产市场基本面的影响，而且会受到人们心理预期的影响。通常而言，房地产资产未来的投资收益主要以房租收入的现金流形式体现出来。相比较于股票资产的现金流，房地产资产的现金流更为稳定和持续。而且，未来房租的增长率通常与物价水平呈现出高度的相关性。因而，相比较股票资产，房地产资产的投资价值往往更能够体现出抵御通货膨胀的能力。

不乏研究表明，名义房地产资产价格与长期的通胀水平呈正相关。就是说，长期通胀水平越高，名义房价就增长得越快。通货膨胀的出现往往带来房地产市场租金的飙升、房地产资产价格的上扬以及相伴而生的（名义）投资回报率增加。

表 3-1 以 CPI 代表物价和通货膨胀水平，显示了主要国家 CPI 与名义房价值数对比关系。

表3-1　主要国家CPI与名义房价值数对比

国家	CPI			名义房价指数			名义房价增长/CPI增长
	1970年	2007年	增长率	1970年	2007年	增长率	
德国	49.9	153.8	208.20%	42.8	161.6	277.60%	33.30%
日本	36.1	113.9	215.50%	27.5	82.7	200.70%	-6.90%
加拿大	47.7	175.2	267.30%	64.8	221.6	242.00%	-9.50%
美国	34.9	192.4	451.30%	25.8	268	938.80%	108.00%
爱尔兰	25.2	196.8	681.00%	23.9	659.1	2657.70%	290.30%
澳大利亚	23.8	220.2	825.20%	9.9	643.1	6396.00%	675.10%
英国	18.8	184.1	879.30%	12.4	519.1	4086.30%	364.70%

注：令各国CPI指数在1985年为100。令各国名义房价指数在1985年为100。

爱尔兰1970年数据为1975年数据，加拿大1970年数据为1976年数据，意大利2007年数据为2004年数据。

第三，居民的实际收入水平（可支配收入）是影响房地产资产价格的重要因素。房地产资产的价格通常受到当期或滞后的收入增长的推动。购房者购房需要必须和实际购买力相匹配才能形成有效的购房需求。其中原因在于，土地供给是固定的。在短期之内，商业住房或居民用房都只能是缓慢增长，难以形成迅速的有效供给。无论是购买住宅房，还是租赁住房，一旦居民的实际收入水平发生改变时，对房地产的购买力也会相应改变。其结果是改变房地产市场的供求状况，进而带来房地产价格的波动。

2. 金融因素

房地产与金融业两者之间，存在的内在联系表现为相互促进、相互依存、共同发展。在资金需要方面，房地产具有需求量大和周转时期长的特点。房地产开发少则需要数千万元，多则需要数十亿元的资金投入，并且房地产开发包括很多程序，从立项申请、购买土地使用权、设计、施工到最后竣工验收，这期间的过程要经历较长时间。在这个过程中，仅仅依靠房地产行业资金的自我积累，远远不能满足资金要连续投入的需要。鉴于此，房地产行业对金融行业具有非常大的依赖性。根据金德尔伯格 (2000) 的研究，全球多次经济与金融危机的形成与爆发，与房地产价格的急剧波动联系紧密。1997 年爆发的东南亚金融危机、2007 年爆发的美国次贷危机，都与房地产价格的急剧波动有关。Krugman (1998) 认为，房地产价格急剧波动是理解东南亚金融危机的重要视角。上述论断对我国具有相当重要的借鉴意义。

金融环境的变化会给房地产的资产价格带来很大影响。特别是货币供应量、流动性、银行信贷水平这些因素对房地产价格的波动具有很大的影响。具体来讲，第一，名义利率与实际利率水平的波动都会影响房地产资产的价格。多数实证研究表明，名义利率与住宅价格之间呈负向关系。比如，Muellbauer 和 Murphy(1997) 基于 1957 ~ 1994 年英国房地产市场的研究发现，1981 年以后的实际利率对房地产价格的影响显著为负。黄忠华等(2008) 对上海房地产市场的研究发现利率对房地产价格具有负影响。然而，一些学者对利率与房地产价格之间的相互关系也得出不同的研究结论。比如，Kenny(1999) 基于爱尔兰 1975 年第四季度至 1997 年第一季度的季度数据，运用误差修正模型的研究认为，名义利率对住房价格的影响并不确定，取决于利率对住房需求和供给影响的相对大小。周京奎 (2OO5) 利用中国北京、天津、上海、南京、重庆、杭州、宁波、青岛，沈阳、深圳、成都和武汉等 12 个城市的面板数据对利率和房价的关系进行回归分析，研究结果表明利率对房地产价格的影响为正。

霍尔 (Hall)、泰勒 (Taylor)(2000) 研究认为，房地产的资产价格对于实际利率敏感，由于均衡时房地产租赁价格 (可理解为房地产使用成本) 可表示为住房价格与利率和折旧率和的乘积 (正由于房地产折旧率比其他投资品的折旧率低，利率在房地产租赁成本中占据较大部分的比例，其影响相应也较为显著)。假设其他因素不变的情况下，当利率上升时，房地产租赁价格将上涨，房地产需求将减少，从而导致房地产价格将下降。

第二，货币供应量是否充足的影响因素。货币供应量的充足使得整个国民经济的流动性较高，造成银行信贷的大量扩张，能够刺激房地产业对资本的投资和投机需求。这样一来，房地产消费与房地产投资都会出现热潮。尤其基于投机目的的房地产投资，必然造成房地产资产价格相当长时期内的高企不下，积累到一定程度时滋生资产的泡沫。

3. 产业结构

在国民经济及国内生产总值中，三大产业的比例构成关系及房地产行业在其中所占的比重大小也会影响到房地产资产的市场价格。一般来说，第三产业的比重越大，社会对营业性房地产的需求也就越大，从而能够全面带动房地产资产的价格上升。

3.3.2 社会文化因素

社会因素主要包括人口因素、家庭规模因素、教育科研水平、治安因素和社会福利因素等。该因素可以分别从供给与需求两方面来看。

（1）供给方面。房地产资产的价格不单单与城市的人口数量有重要关系，且与城市化水平与质量有关。同时，城市人口的平均受教育程度、社会的文明程度、居民自身修养等都会间接影响到房地产的价格。通常来讲，在居民文化素质较高的区域里，居民便会更加追求宽敞舒适的居住环境，房地产的价格水平自然趋高；而相反，居民素质较低的区域内，秩序欠佳、环境复杂，此种情况下，房地产的价格水平一般偏低，特别是居住用地的价格会较低。

（2）需求方面。为了规避通货膨胀的风险，出于资产增值、保值的需求，人们会把资金投入到房地产市场来谋求未来财产性收入的增加。当人们倾向于将储蓄资金投向具有抗通胀的房地产时，便加大了房地产市场的消费需求，带动房地产市场资产的价格上升。

人的消费需求是房地产市场存在的基础，房地产市场由那些具有特定需要或欲望的潜在顾客所组成。人口的总量、家庭结构和文化素质直接决定了房地产市场的需求度，对房地产价格水平有很大影响。

在购买能力和欲望一定的条件下，人口数量对房地产消费市场大小情况起着根本决定作用。而家庭结构会影响到商品的需求方向和需求结构。人口或者家庭数量的增加，通常会增加住宅房地产市场的需求。特别是随着家庭平均人口数量在下降，家庭越来越小型化，住宅房地产的消费需求也日益呈现上扬态势。所以，在房地产市场价格波动的相关因素研究中，有必要认真分析消费者人口的家庭情况对房地产消费需求结构的影响。表3-2和表3-3是日本和韩国城市化率、人口与房价变化情况的研究分析。

表3-2 日本城市化率、人口与房价变化情况及趋势预测

年份	购房适龄人口（百万人）	城市化率	城镇购房适龄人口（百万人）	城镇购房适龄人口增长率	六城市地价涨幅
1950年	21	37.50%	7.9		
1955年	23.8	56.30%	13.4	70.60%	
1960年	26.9	63.50%	17.1	27.20%	157.90%
1965年	30.2	68.10%	20.5	20.40%	265.30%
1970年	33.1	72.20%	23.9	16.50%	56.40%
1975年	36.5	75.90%	27.7	15.90%	87.10%
1980年	37.3	76.20%	28.5	2.70%	29.40%
1985年	36.7	76.70%	28.2	-1.00%	37.00%
1990年	35.7	77.40%	27.6	-1.90%	198.00%
1995年	33.8	78.10%	26.3	-4.60%	-45.30%
2000年	34.6	78.70%	27.3	3.50%	-33.90%
2005年	35.5	79.00%	28	2.80%	-31.40%
2010年	34.9	79.50%	27.8	-0.90%	
2015年	32.8	80.00%	26.2	-5.50%	
2020年	29	80.50%	23.4	-11.00%	
2025年	26.6	81.00%	21.5	-7.80%	
2030年	24.9	81.50%	20.3	-6.00%	
2035年	23.6	82.00%	19.4	-4.30%	
2040年	22.5	82.50%	18.5	-4.40%	
2045年	20.8	83.00%	17.3	-6.70%	
2050年	19.4	83.50%	16.2	-6.40%	

资料来源：日本统计局、联合国。

表3-3 韩国城市化率、人口与房价变化情况及趋势预测

年份	购房适龄人口（百万人）	城市化率	城镇购房适龄人口（百万人）	城镇购房适龄人口增长率	韩国地价涨幅
1950年	4.5	24.50%	1.3		
1955年	5.3	28.00%	1.7	31.20%	
1960年	6.1	33.50%	2.4	38.50%	
1965年	7.1	41.10%	3.2	36.90%	
1970年	7.9	48.40%	4.2	30.90%	606.70%
1975年	8.8	57.20%	5.7	33.80%	128.70%
1980年	9.9	65.40%	7.9	39.10%	228.20%
1985年	12.1	74.40%	10.3	31.10%	62.60%
1990年	13.9	78.50%	12.1	17.30%	149.80%
1995年	15.4	79.70%	13.2	9.10%	3.10%
2000年	16.6	81.90%	13.3	0.50%	–9.30%
2005年	16.2	82.50%	13	–2.20%	
2010年	15.8	83.00%	12.3	–5.30%	
2015年	14.8	83.50%	11.7	–5.20%	
2020年	14	84.00%	11.1	–4.70%	
2025年	13.3	84.50%	10.1	–9.20%	
2030年	12	85.00%	9.3	–7.70%	
2035年	11	85.50%	8.3	–11.60%	
2040年	9.7	86.00%	7.4	–10.40%	
2045年	8.6	86.50%	7	–5.10%	

资料来源：韩国统计局、联合国。

我国现阶段，家庭消费的一个重要构成部分就是住宅消费。而家庭结构类型与生命周期则构成了和住宅房地产需求密切相关的家庭因素。两者经常紧密相关、互相结合。处于生命周期的不同阶段、不同类型的家庭，家庭成员购买力的不同,相应地对于住宅房地产的偏好也会有比较大的差别。例如,城市新婚夫妇这类家庭尽管刚开始打理事业，收入不很高，但却有着迫切的购房需求，贷款意愿和贷款能力也较强。另外，双方的父辈大多依然在工作，也能为他们的房地产消费提供较大的经济支持。而在住宅房地产消费的户型结构、配套服务和居住环境方面，新婚期家庭的结构简单。一般来说，小户型更能满足其对住房面积的需求。

又如，社会上处于生育期和满巢期的家庭对住房的需求特点会与上述有所不同。满巢家庭一般为三口人或四口人，有两代人。对此类家庭而言，住宅区位是他们最关注的焦点，社区是否有益于子女的教育、文化氛围如何是他们优先考虑的原则，因而，此类家庭在购房选择时，教育方面的因素对其影响较大。

伴随人口老龄化的社会现象，必然会有越来越多的空巢家庭与空床期家庭的出现。中国的传统养老方式是家庭养老。在住宅商品的设计上，他们要求能满足子女与老人间在生活上“可分可合”的需求，这要求住宅房能具有较高水平的生活适应性，包括小区是否提供包括公园、绿地、健身场所等丰富的社会活动场所，交通环境是否方便等因素是这些家庭最看重的因素。

从我国住宅市场发展历程可以看出，在住宅房地产价格的影响因素中，是否有良好的社区治安环境、受教育方便程度如何起着越来越重要的作用。不难发现，一个地区的科研和教育水平越高，居民受教育的方便程度也会越高，该地区的房地产资产价格会相应呈现出较高水平。一国政府的社会保障福利情况也是一个影响因素。可以断言，福利保障面覆盖范围越广，对住宅房产的需求就会降低，并最终影响到住宅房产的价格水平。

3.3.3 政策因素

影响房地产资产价格波动的相关政策因素有很多。主要包括住房制度、城市规划和城市发展战略、以及财政政策等因素，这些因素对房地产的价格起着重要作用。在其中，推动房地产发展的根本力量是住房制度改革。以我国为例。住房制度改革以前，我国的住房制度以低工资制为基础。在当时的制度下，一般由各单位自己组织建设或者是购买公房，再以行政分配的方式租给职工居住,所收取的租金极低。该住房制度不利于改善人们的居住水平，不利于住房建设的发展，因此实施了改革。

就城市规划和城市发展战略而言。通常来说，城市规划确定了城市在固有时期内的人口增长速度和发展规模，从宏观角度确立了房地产市场的供求比例关系。城市规划具体体现为如下方面：根据城市环境要求和空间景观要求，并考虑群体之间的相互关系，确定技术经济控制指标，包括建筑高度和建筑密度以及容积率等，并且为了保证良好的居住和生活环境，还需对各类性质用地的最大开发强度予以明确；根据城市的发展方向，确定城市发展各个阶段的用地规模并且保证城市开发的正常速度。可见，城市规划决定了房地产资产价格的高低，即使同一性质的用地，所处位置的不同也决定了其价值有所不同。同样，城市发展规模也会影响城市经济、社会、人口、资源、环境等要素，要素条件发生改变，又会改变城市的空间地域结构，重新改变土地和不动产的发展机会，进而间接影响城市房地产价格。不过，城市发展战略的影响必须通过建设规划、经济政策、体制改革等配套制度的实施才能得以进一步的细化和执行。

就财政政策来说。影响房地产资产价格的财政政策，不仅表现在诸如房产税、物业税等相关税收政策的调整，还表现在财政支出政策。前者调整会对房地产价格产生影响。后者通过扩张性的财政支出和紧缩性的财政支出，一方面引导房地产的上下游产业以及房地产行业自身的发展，另一方面，会改变人们对房地产的投资需求来促进或抑制房地产市场的发展，进而对房地产市场的资产价格产生影响。相比之下，财政支出政策工具的影响更为非常巨大，被普遍视为政府调控房价的重要手段。

3.3.4 区位因素

简单地讲，影响房地产资产价格的区域性因素是指地理大环境与宗地的交通条件。就是说，房地产的资产价格还与房地产项目所处的城市区位有关。分别而言：

一是城市区位。城市区位因素对房地产资产价格能产生一定影响。通常来说，如果城市的区位良好，那么城市就有较大的提升和发展空间，从而带动房地产投资和发展的前景也很广阔。

二是宗地因素。宗地因素是宗地自身的条件和特征（如地质条件等具体内容）对该地块价格的影响。宗地因素通常包括城市交通情况、城市设施完备程度、小区环境质量、城市中心影响度等。而城市交通情况，是西方学界的研究重点。

3.3.5 个性因素

个性因素是指能够决定房地产内在价值的因素。影响房地产资产价格的个性因素主要指建筑物的个性因素。建筑物的个性因素包括居住面积、结构、材料，设计、设备等是否良好，施工质量等。另外，住宅房地产项目的开发规模或占地面积，对住宅资产的价格也产生较大影响。一般来说，房地产业适度的开发规模、建筑规模等能够影响住宅开发的规模效益，有利于降低开发成本，进而降低住宅的资产价格。

此外，由于知识结构与个人经验的差异，投资者对房地产资产的价格判断往往形成了各种各样的认识和看法。而由于观察角度各不相同，很多认识观点往往是彼此割裂，甚至于相互抵触，从而使投资者在决策时经常无所适从，这事实上也是影响房地产资产价格波动的个性因素之一。

就内生因素与外生因素相互的影响而言。经济因素决定相关企业经营的整体表现，而经济因素、政治因素与文化因素之间又相互作用，政策因素和文化因素也会通过经济因素对上市企业施加影响，进而影响到资产价格。一般来说，这些因素影响房地产价格的具体方式与渠道由于时间周期的不同而存在区别。短期内，经济因素变动性最大，除了经济自身的波动之外，还受到政治和文化的影响，因此经济因素在三者中的短期变动性最强。政治因素短期内具有一定的变动性，会受到社会文化的影响，但受经济的影响不大，它主要通过经济对上市企业产生影响。相关政策因素在短期内受社会文化的影响形成各项政策的优先次序，并以政府既定经济目标对经济施加影响，从而影响到上市企业。从中长期的角度来看，经济、政治和文化因素之间的相互影响、互相作用则更为复杂，它们对股票和房地产资产价格的最终作用，具有很强的不确定性。

总的来说，系统解析影响股市与房地产资产价格的各项因素，尝试确定它们之间相互作用的关系框架，并揭示内在联系和作用机理，进而有效分析它们对股市的综合作用，对于政策制订者正确理解认知和统筹考虑把握经济运行的状态，就显得极为必要。

以上只是分析了影响房地产和股票价格波动的一般因素。这些因素或影响机制能否在我国的特殊国情下发挥同样的作用，其对资产价格波动的作用效力又如何，取决于不同情况，需要具体情况具体分析。

3.4 本章小结

宏观经济发展水平、上市公司行业前景与经营状况、货币供应量、国家宏观经济调控政策以及心理预期等因素都能影响投资者对将来股价预期，从而影响当前买卖决策并最终导致当前股票市场资产价格变化。通常把这些因素视为导致股票资产价格出现波动的最主要原因，也是股票市场资产价格的基本影响因素。

影响房地产资产价格的主要因素包括收入、利率、人口、税收结构、住宅供给、信用可靠性、住宅成本、人口（家庭）结构和租金等。我国由于处于转型期间，房地产市场的真正发展时间还较短，相比较国外或其他地区，影响我国住宅资产价格的主要因素存在一定差异。

4 资产价格波动及财政政策影响资产价格的机制与途径

4.1 金融危机与资产价格波动的危害

一般观点认为，鉴于资产价格的过度波动对一国经济社会可能产生巨大的不利影响，政府理应进行宏观调控，从而引导资产价格的过度波动在比较合理的区间。就是说，在金融危机的非常时期，资产价格波动（主要指股票与房地产市场资产价格的波动）应成为宏观经济调控政策所要关注的目标。

发达市场经济国家与发展中国家都经历了资产市场价格的大幅波动。史实表明，资产价格的大幅波动无论对金融系统，还是对实体经济领域，抑或对社会稳定都带来风险因素。

4.1.1 股票资产价格过度波动的危害性

股票市场资产价格剧烈波动一旦引发资产泡沫崩溃，不仅会直接冲击金融系统，而且对实体经济领域的影响同样十分严重，并可能导致人们社会生活秩序混乱，出现社会动荡，反过来进一步加剧金融危机。

首先来看股票资产价格剧烈波动对金融系统的影响。

资产价格波动一般会经历从泡沫到崩溃的周期，资产泡沫—崩溃周期损害了金融体系的稳定，降低了金融机构的中介职能。可以说，资产价格波动首当其冲会对金融系统造成冲击。特别是自20世纪70年代以来，金融自由化浪潮兴起，金融市场日益发展，各种资产价格波动幅度之大是前所未有的。在此背景下，其对金融系统可能造成的危害也是难以想见和估量的。

在经济繁荣时期，资产价格的不断上升使人们普遍对未来持乐观的预期，资金的借方与贷方都容易产生乐观的收益预期而低估未来可能存在的风险。这样的结果是借款人的金融债务日益增多。特别是由于金融创新的不断发展和扩张，越是借款多的企业就越会出现获利越大的局面。当泡沫被挤破后，资产的价格即出现暴跌行情，这种效应可以通过贷款抵押物价值的下降和所持股票的下降而得到加强，使银行信贷等金融机构的风险大大增加。如果银行因为客户的大量违约而陷入资金流动的困境，那么银行的呆账、坏账增加。此时，如果银行将损失和风险通过证券公司、保险公司等金融系统扩散，在此传播链条下，资产价格的波动过程会严重地影响到整个金融体系的稳定。

我们以1929年股市大崩盘为例。从1929年9月到1933年1月，美国道琼斯指数三十种工业指数的平均价格由364.9美元急剧下滑至62.7美元，二十种公用事业股票的平均价格由141.9美元下跌到28美元，二十种铁路股票的平均价格从180美元跌到了28.1美元。受股市下跌的影响，因资产泡沫的破灭而出现了金融动荡，数以万计的企业破产，几千家银行倒闭。短短四年里，出现了四次银行大恐慌。国内破产、倒闭的银行，由1929年的659家飞快增加到1931年的2294家，比例达到美国银行总数的10.6%。而1933年美国进行行业整顿、改组和破产的银行数量高达4004家，比例更是占到了28.2%。

美国不少经济学者都将1990年美国经济衰退（以及缓慢的复苏）归因

于（至少部分归因于）之前的商业房地产价格的下滑。比如，Bernanke 和 Lown(1991) 提出，地产价格下滑损害了商业银行的资本基础，恶化了银行、债务人（公司）的资产负债状况。2008 年美国次贷危机再次表明，由于金融系统的全球性和关联性，房贷危机会扩散至全球的银行业、证券业乃至整个金融系统，使其面临巨大风险。

其次来看资产价格的剧烈波动对实体经济和社会稳定的影响。

历史事实表明，一国股票市场价格的大崩盘以后，随即发生的往往是经济大萧条。仍以美国为例，1929 年美国股市的泡沫崩溃后，美国国民生产总值 1933 年底时几乎还达不到 1929 年的 1/3。直到 1937 年，实际产量才恢复到 1929 年的水平，接着又进入迅速滑坡的通道。即便 1941 年以美元计算的产值，仍然低于 1929 年的水平。

在 1929 年美国股市危机中，短短一个小时内就有 11 个投机者自杀身亡。1997 年至 1998 年 1 月印度尼西亚金融危机后，国内一些地区出现了商品抢购、游行甚至暴动的现象，同样说明这一点。

国际货币基金组织 2003 年《世界经济展望》研究指出，每次股票市场泡沫破裂后，产生的影响要持续两年半时间，造成的直接经济损失相当于 GDP 的 4%；房地产市场泡沫破灭后，造成的影响持续期和产出损失分别相当于股票市场的两倍。

4.1.2 房地产资产价格过度波动的危害

由于房地产行业具有产业链长、带动经济作用明显等特点，伴随经济发展水平的不断上升，房地产行业经济景气与宏观经济景气的关联程度逐渐提高。一旦房地产资产价格出现剧烈的波动，通常会对其他行业乃至宏观经济运行产生较大的冲击。

斯蒂格利茨在《2006，全球经济隐患重重》一文中指出，利率上扬、房地产市场衰落可能会严重抵制消费需求，使经济出现衰退甚至萧条。日本房地产价格过度波动对经济的影响是最为典型的案例。无论是日本房地产市场的过度繁荣或是资产价格的过度下跌，都严重地影响到日本经济的健康发展。自 1989 年开始，日本城市土地价格的下降幅度超过 75%。这严重拖累了日本的经济，使日本经济陷入二十年的徘徊阶段。在其他发达国家也是如此。特别是金融危机出现的情况下，房地产市场相比较股票市场的资产价格剧烈波动应该引起更大程度关注。Karl E.Case Robert、J.Shiller、John M.Quigley(2005) 实证研究表明，美国股票市场的财富增长 1%，产生的消费效应约为 0.02%；房地产产生的财富效应相当于股票市场的 5 倍。房地产价格一旦回落，消费支出会随之下降，从而使经济放缓，增加债务负担和银行风险。

一般来说，资本大量流入之前是信贷繁荣，而大部分信贷过度繁荣导致了危机。在这个过程中，起到了关键作用的是资产价格。Reinhart 和 Rogoff（2008）实证研究发现，资本流动条件下的金融危机发生概率大于无条件金融危机发生概率，61% 的国家在资本大量流入时期发生金融危机的概率大于无条件的金融危机概率。Reinhart 和 Rogoff（2008d）提供了房价周期和金融危机的发生时间。可以看出，无论是在发达国家还是发展中国家，房价调整周期都是 4 ~ 6 年。同时，房价下跌的幅度在所有国家之间也没有很大区别。这些数据资料无疑支持了在发达国家与发展中国家，房价波动所导致金融危机的发生是具有同等可能性的。

表 4-1 是 18 个工业化国家 20 世纪 70 年代与 80 年代资产价格泡沫前后的宏观经济变量变动情况。

表4-1 18个工业化国家20世纪70年代与80年代资产价格泡沫前后的宏观经济变量变动情况

单位：%

	泡沫完成前	泡沫时期（平均约2.8年）	泡沫崩溃后
平均资产价格变化	8.5	11.2	–6.4
平均股价波动	15.4	9.9	–9.7
平均地产价格变动	4.7	10.3	–4.1
平均实际GDP变动	4.1	4	0.7
平均实际消费变动	3.7	4.3	0.8
平均投资变动	6.2	7.5	–3.9
平均实际信贷增长	8.2	8.5	2.6
平均实际货币增长	5.7	5.2	0.6

注：18个工业化国家为澳大利亚、比利时、加拿大、瑞士、德国、丹麦、西班牙、芬兰、法国、爱尔兰、意大利、日本、荷兰、挪威、新西兰、瑞典、美国、英国。

资料来源：许荣，2007。

而在一些发展中国家和新兴市场国家，房地产行业发展对于一国GDP增长的贡献率更是不容小觑。对发展中国家来说，资产价格的人为波动有时是国际炒家控制他国命脉的主要手段，严重影响一个国家或地区的主权安全。以1997年我国香港金融危机为例，伴随国际游资与居民财富的参与与疯狂炒作，自1991年到1997年泡沫爆破，房价上涨了4倍。由于公众和外资纷纷看好香港回归后的发展前景，香港股市也一路暴涨，1995～1997年，恒生指数翻了1.4倍。有数据显示，1990～1997年，房地产和股票市场的繁荣发展为香港带来了7万亿港元的财富，相当于香港七年的生产总值。然而，在巨大的泡沫下，索罗斯卖空了8万个恒生指数期货合约，直接导致1997年10月23日香港股市暴跌，400亿美元的市值顷刻间烟消雾散。与此同时，香港的房价也自1997年持续下跌，到2003年时，约降低了65%。香港经济严重受挫。

再以我国房地产市场价格的波动为例。从2000年以来，我国房地产市场从行业复苏到初步发展、快步发展，直到进入大繁荣阶段。相关数据资料显示，房地产市场发展速度，接近经济平均增长速度的两倍。有学者的研究表明，近十年来，如果综合房地产开发投资的直接贡献率、间接贡献率和引致消费贡献率，我国房地产行业事实上对GDP增长的总贡献率平均达22.49%。而在GDP平均8.94%的增幅中，房地产开发投资贡献的百分点平均达到2.03%。这种情况下，房地产资产价格的下跌会严重引起GDP增长率的波动，直接冲击实体经济领域的稳定发展。

值得一提的是，在诸如原油、有色金属、农产品、铁矿石、煤炭等大宗商品领域，大多数发展中国家都没有定价权，只能被动接受这些商品的价格波动。事实上，一旦这些资产价格出现大幅度的波动，就会影响到发展中国家的进出口情况，以及其对国内产业链条正常运转的冲击。严重情况下，资产的剧烈波动还可能会影响到一国的经济主权安全。伴随着金融一体化进程的加快，无论是现货市场还是期货市场，这些资产价格的大幅波动（包括粮食价格波动、能源价格波动等），很多情况下都是国际炒家恶意为之的结果。

表4-2 实际房价周期与银行危机

国家	危机时期	顶峰	谷底	持续下降期（年）	下降幅度（%）
发达经济：5大危机					
芬兰	1991年	1989年：Q2	1995年：Q4	6	–50.4
日本	1992年	1991年：Q1	进行中	进行中	–40.2
挪威	1987年	1987年：Q2	1993年：Q1	5	–41.5
西班牙	1977年	1978年	1982年	4	–33.3
瑞典	1991年	1990年：Q2	1994年：Q4	4	–31.7
亚洲危机：6大危机					
香港	1997年	2003年：Q2	2003年：Q2	6	–58.9
印度尼西亚	1997年	1999年：Q1	1999年：Q1	5	–49.9
马来西亚	1997年	1999年	1999年	3	–19.0
菲律宾	1997年	2004年：Q3	2004年：Q3	7	–53.0
韩车	1997年	2001年：Q2	2001年：Q2	4	–20.4
泰国	1997年	1999年：Q4	1999年：Q4	4	–19.9
其他新兴国家					
阿根廷	2001年	1999年	2003年	4	–25.5
哥伦比亚	1998年	1997年：Q1	2003年：Q2	6	–51.2
历史记录					
挪威	1898年		1905	6	–25.5
美国	1929年		1932	7	–12.6
当前情况					
匈牙利	2008年	2006年	进行中	进行中	–11.3
冰岛	2007年	2007年11月	进行中	进行中	–9.2
爱尔兰	2007年	2006年10月	进行中	进行中	–18.9
西班牙	2007年	2007年：Q1	进行中	进行中	–3.1
英国	2007年	2007年10月	进行中	进行中	–12.1
美国	2007年	2005年12月	进行中	进行中	–16.6

资料来源：Reinhart and Rogoff（2008d）。

4.2 资产价格过度波动与政府干预

就资产价格波动对经济活动影响的效应分析而言，有两点必须引起重视：其一，资产价格波动的效应往往是不对称的。资产价格下降对经济影响的负面效应，要比资产价格上涨时的正面效应要大。其二，根据资产价格泡沫持续的时间及泡沫破灭之后调整时期的长短，影响经济效应的大小而有所不同。

通常来说，资产泡沫破灭对经济的负面效应主要经由以下两个机制引起，并决定了经济萧条时期的长短。在第一个传导机制中，资产泡沫的破灭往往通过减少资本设备的经济价值，降低供给能力来影响经济活动增长。而预期心理的反转在其中发挥了很大作用。在经济出现泡沫的时期，由于一般会以预期更高的经济增长速度为前提，会导致物质资本投资支出的急剧增加。与此同时，这种乐观的预期会推动资产价格的不断上涨。一旦经济预期出现反转，资产价格的泡沫最终破灭时，这些物质资本由于不能够转作他用，或者转变其用途的成本过于高昂，其名义价格就会迅速下降。而且，由于泡沫经济时期那些误导性的价格能够引起的资源错配，还可能导致经济陷入结构性的供给不足。

第二个机制是资产负债表机制。这是因为，资产价格的下降不仅损害贷款人，也会损害借款人的资产质量；此外，由于可利用资本基础的受损，信贷可获得性也会下降，从而导致经济活力的进一步下降。在经济平衡扩张时，这种作用并不为人们所认知。一旦当资产泡沫破灭之后，随着资产价格的下降与资本基础的显著减少，各类金融机构、企业及个人破产的可能性都会明显上升，最终引发资产负债表问题的出现。关于资产价格波动引发的“资产负债表型衰退”，有观点指出是经济学家及决策者们最望而生畏的经济现象①。所谓“资产负债表衰退”，是指当全国性的资产价格泡沫破灭后，大量的私人部门（包括企业、个人家庭）的资产负债表都会处于资不抵债的状况，其结果是大规模地遏制经济活动，进而造成经济的持续衰退。资产负债表型衰退与一般的经济周期波动不同之处是，其引发经济衰退持续的时间更长。经济实践中最典型的资产负债表型衰退有 20 世纪 30 年代的欧美“大萧条”和 90 年代日本的经济衰退。

政府是否应该关注股票市场或房地产资产价格波动，政府关注的程度应如何，什么时候以及政府应该以何种方式对资产价格的泡沫做出行动等等诸如此类的问题引起了国内外相关学者的极大关注。然而，由于研究方法、变量选择以及数据的同环比性质不同，在现有研究结论上存在较大差异，甚至会得出完全相反的结果。大体上讲，学界形成两种不同观点：

就主张政府不应该干预资产价格波动的观点而言，主要基于两点考虑：其一是基于市场的有效性（Market efficiency）考虑，认为采取稳定资产价格

① “资产负债表衰退”是从考察微观主体的视角去分析研究宏观经济问题。在传统的经济学教科书里，没有“资产负债表衰退”的概念。首先提出这个概念的是野村综合研究所经济学家辜朝明，将日本的经济衰退（还包括美国1929年到1933年的“大萧条”以及当前金融危机造成的经济衰退）解释为“资产负债表衰退”。辜朝明在《大衰退》（2009）一书中进行系统阐述。该观点认为，当出现资产（主要是股票和房地产）价格大幅度下跌，私人部门的经济行为目标会发生重大变化，由追求利润最大化（经济学的基本假设），转变成追求债务最小化——企业会把收入的大部分用于还债，而不是用于再投资，更不用说向银行借钱来投资了；家庭也会把收入的大部分用于还债，同时减少消费，而信贷消费则几乎绝迹。由于上述私人部门的行为目标出现变化，使信贷需求陷入停滞或减少，中央银行刺激信贷的政策操作会失效，哪怕中央银行把利率降到零，大家也不愿意借款。信贷循环陷入停滞，会导致经济活动萎缩，私人部门收入下滑。如此出现恶性循环，直到微观主体的资产负债表修复正常，经济运行才恢复到正常状态。

的措施，将延迟股价反应的速度而影响市场有效性。其二从理性投机（rational speculation）的论点出发认为，价格自然具有稳定作用，无须政府干预资产价格的波动。

就主张政府干预资产价格波动的观点而言，以股市为例，也可分为两类：其一是从投资信息或交易角度出发。比如，Hakansson（1979）提出，资产市场（以股票市场为例）并不是一个无摩擦（frictionless）的市场，投资人很难获得有关信息作为决策的根据，或是由于交易制度上的设计问题，而无法干预价格建立的过程。其二是从遏制投机角度出发的观点。比如，Poterba 和 Summers（1988）指出，投资人有过渡反应及追涨杀跌的倾向，因此，必须采取适当的稳定措施以使交易价格不至于过分偏离真实价格。

总的来说，各国金融危机的产生通常伴随资产价格的暴跌，而资产价格的大幅度下跌严重影响到金融体系的稳定和健康运转，进而引发诸多的社会问题。鉴于股票市场资产价格过度的剧烈波动对经济造成的严重影响，从根本上决定了政府必须关注资产价格的过度波动。

4.3 财政政策影响资产价格的通道与途径

4.3.1 宏观经济通道

对股票市场而言，当宏观经济增速出现徘徊不前，投资和消费长期低迷，有通货紧缩迹象等情况时，一国政府通常会采取扩张性的财政政策来提振经济。为引导经济走出低迷状况，在实施扩张性财政政策时，政府会采用增加购买性支出与投资性支出的方法。或者说，政府积极投资于能源、交通、住宅等建设，从而刺激相关产业如水泥、钢材、机械等行业的发展。由此通过扩大社会总需求，刺激投资，促使经济向着充分就业的状态进一步前行。这可以增加劳务与商品需求，刺激企业增加投入，提高产出水平，并带动企业利润相应增加，继而使股价上升。

同时，扩张性财政政策无疑预示着未来经济将加速增长，或者经济发展进入繁荣阶段，进而刺激股票市场资产价格的上涨。因为，在经济复苏过程中，投资者收入的增加通常导致持有货币的增多。经济景气显然会提振投资者的信心，促使交易量趋于活跃，这自然会促进股价进一步上涨。尤其是那些能够直接地受益于财政政策的相关上市企业。比如，与政府购买和财政支出相关的企业，其股票与债券的资产价格将率先上涨。当然，政府如果以发行公债方式来增加财政投资的话，那么扩张性财政政策对于整体经济景气的影响就更为深远。由此,财政政策可能导致股票资产价格出现波动的幅度也比较大。

在实施紧缩性财政政策时，一般在保证政府行政与国防等各领域开支以外，不会选择大规模的投资项目。这样一来，紧缩性财政政策预示着未来经济增速的放缓或走向经济衰退。紧缩性财政政策的影响效应是，可能会直接导致股票市场资产价格的下降。

值得注意的是，财政刺激性政策的过度使用，虽然能够暂时扩大需求，但也会增加经济不稳定因素。长期来看，财政收支出现巨额赤字，必然会推动物价上扬，加剧通货膨胀，其易使投资者产生悲观预期，造成股价下跌。紧缩性财政政策的经济效应及其对证券市场的影响，恰恰与上述情况相反。

对房地产市场而言，房地产是典型的周期性行业，它不可避免地与宏观经济有紧密的联系。宏观经济对房地产价格的作用渠道在于宏观经济基本面的变化会引起人们对于未来期望的变化，从而产生房地产供给和需求力量对比失衡，进而引起房地产价格的上升或者下降。

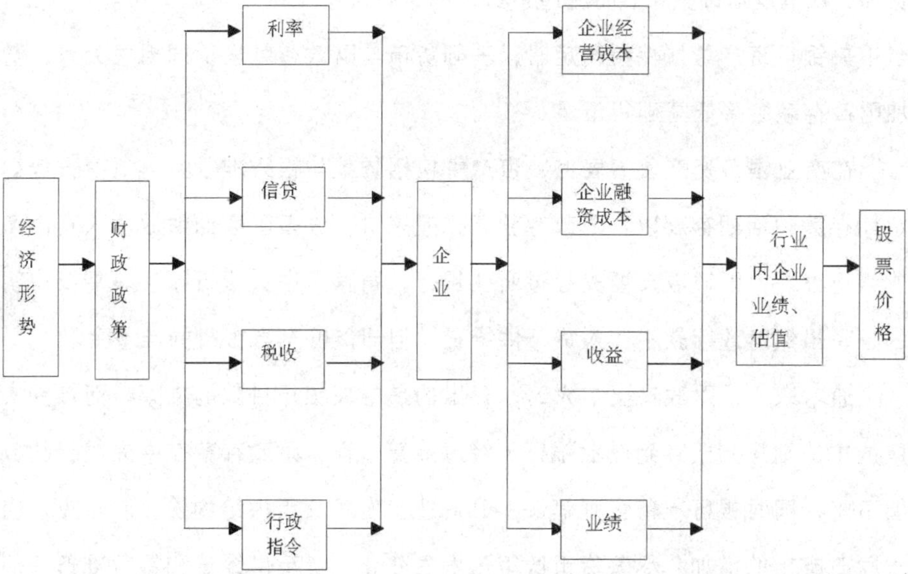

图4-1 财政政策和货币政策对股票市场的影响

4.3.2 财政政策影响资产价格的货币通道

财政政策经由货币的渠道对资产市场的价格产生作用，是财政政策影响资产价格波动一个非常重要的影响机制。比如，利率、信贷规模、公开市场业务、行政指令等进行调整。

1. 财政收支与中央银行之间存在密切关联

财政收支自身便是货币流通的组成部分。通常而言，财政收支通过银行系统完成，各国都不再单独设立一个国库体系进行有关财政收入的办理工作。因为银行账户包括财政收支，财政收支活动的增减对于一国的高能货币以及货币供给便会产生重要影响。

在中央银行资产负债表上，其资产方一般会简化为国债和贴现贷款；负债方也包含财政存款和基础货币两项。由于财政存款与基础货币的作用和性质截然不同，因而对这两项的处理标准也有所不同。财政存款是中央银行的负债，并不是基础货币，而流通中货币和银行准备金则是基础货币。事实上，当中央银行资产总量保持既定时，基础货币与财政存款呈反向相关关系，增加财政存款会降低基础货币量。

在商业银行资产负债表上，资产方包括贷款与银行准备金，负债方包括定期存款和活期存款以及财政存款。一般来讲，许多国家的财政收入皆由商业银行办理，财政收支要先经过商业银行，再移至中央银行账户。需要说明的是，虽然财政存款不计入货币供给量，但却能够充当银行的准备金。

通常来说，财政支出扩大时，开出的是中央银行付款的支票，而接受支票的主体则将支票存到商业银行。经过清算过程，财政存款在中央银行的数值下降，同时银行准备金则等额上升，便引发了货币供给的扩张。可见，由于财政支出的增加，尽管货币政策未发生变化，货币供给量和银行准备金却都增加了。

2. 货币供应量通道

为了更好地说明财政政策经由货币供应产生作用的路径，还应该从财政赤字的角度出发，研究其影响货币供应量的方式。

财政赤字对货币供应量的影响，往往取决于弥补财政赤字的方式。其中：第一种方式是政府向银行借款或透支来弥补财政赤字。这种方式导致银行信贷资金运用规模扩大，促使货币供应量必然相应增加，因此，有可能导致通货膨胀现象的发生。第二种方式是政府通过发行国债来弥补财政赤字。这种方式因为国债购买人不同，其对货币供应量的影响也不同。若居民、企业用闲置资金购买国债，不会导致货币供应量发生变化；若银行用信贷资金购买国债，或企业单位购买国债挤占了银行信贷资金，则会增加货币供应量。

一般来说，财政政策通过货币影响股票价格的机理，在供求关系作用下，无论是哪种方式所产生的货币供应量增加必然会降低资金的获取成本。投资者能够以较低的成本获得大量资金，并将其投放到股票市场。由此可见，货币供应量增加产生的这两种效应，都会导致股票市场的资金增多。

以上说明了在现代中央银行体系下，财政支出和货币供应渠道之间相互作用的关系。

财政政策影响股票市场价格的作用和传导机制具体如图 4–2 所示。

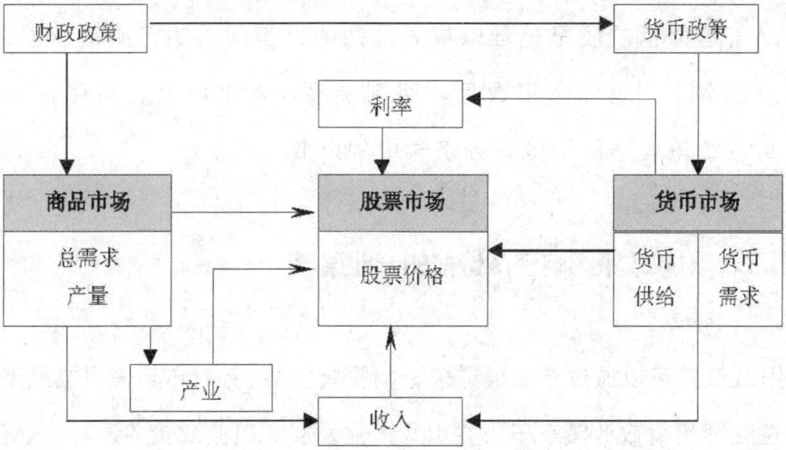

图4–2 财政政策影响股票价格的传导机制

各国经验表明，财政政策与货币政策在实践中是不可截然分开的。从2008年国际金融危机的救助情况来看，美国与欧元区各国政府先后多次通过了向金融体系的数千亿注资计划和担保计划。表面上，这些政策手段虽然都是直接针对金融机构资产负债表的财政救助方案，但是实际上，这些救助方案已经不是传统意义上基于凯恩斯理论所常说的财政政策。严格地说，这些财政救助方案的效果不是直接扩大就业的实际投资，而是激活了被救助机构资产负债表中的流动资产，特别是使得相应机构的活期存款迅速增加，从而形成了狭义货币供应量（M1）的供应状况。甚至完全可以这样说，欧美国家的救助政策与其说是财政政策，不如说是一个赤裸裸的货币化方案。

我国也存在类似情况。我们以2008年11月9日发布的4万亿元投资计划为例来说明。简单地讲，中国财政政策后续引发的经济循环链条本质上是一个财政政策信贷化的现象。具体而言，4万亿元投资计划的链条是，银行为完成政府布置的任务，大幅提高银行信贷规模，导致投资加速，并且进一步促使货币流通速度加速。

表面上，我国4万亿元投资计划名义上是一个财政政策，但实质上仍然最终打通了货币化通道。当然，我国此次财政政策货币化通道的形成具有一定的中国特色，即银行信贷承担了从财政政策到货币供应的中介。尽管这时信贷质量是难以事先预知的，但国有银行必须承担起政策使命。而M1则是滞后了数月才回到了平均水平以上。某种意义上讲，这一财政政策既不同于传统经济学中的财政政策。

4.3.3 财政政策影响资产价格的产业通道

财政政策可以通过产业渠道来影响股票价格。针对市场失灵或经济衰退，政府往往利用财政政策来干预并引导产业发展。财政政策的调整，必然对不同产业上市公司的股票资产价格产生不同的影响。例如在新兴产业或高科技产业的开发，是一国产业结构高级化的要求。但这类产业的开发投资大、见效慢且未来收益的预期不稳定，民间企业往往限于财力和风险考虑，难以单独开发。对此，政府通过财政政策可以恰当适时地予以扶持。政府还可以通过减免税、财政补贴等其他政策优惠等形式，将资源的流动导向符合国家产业政策的发展方向。由于优先发展的产业可以得到财政政策优惠和扶持，且对于产业结构调整的作用体现在多方面。受到扩张性财政政策的支持，此类产业上市公司无疑具有良好的发展，能够获得较高的经济利润。因此，投资者有理由预期这类产业的发展前景，其股票资产势必受到投资者的普遍青睐，股价自然会上扬。①

房地产业的繁荣会在一定程度上影响关联产业的发展。同时，关联产业也会对房地产业的繁荣直接产生较大的影响。从产业供求联系的角度出发，财政政策对房地产业和其相关产业的实施效应包括三个方面：即前向关联、后向关联和环向关联。

（1）前向关联效应。此效应指的是房地产业可以对向其供给生产要素的相关产业直接或间接地产生影响。相关产业包括制造业、矿物采选、邮电运输等基础原材料消耗型的产业。伴随着房地产行业的繁荣，其对上述产业的需求也会增大，反之，反之。因此前向关联效应主要是通过房地产开发投资实现的，如建设生产需要消耗各类原材料等。

（2）后向关联效应。此效应指的是房地产业对于直接或间接地同本产业产品或服务方面的需求相关产业的影响。这一效应通过房地产销售或出租以后的房地产所有者或使用者，作为生产投入要素来实现的。例如购买或者出租房产用于工业生产领域和商业经营领域等。其后向关联产业主要包括技术服务和轻纺工业以及电子通信业等服务型和生活消费型产业，这些产业受房地产行业供给推动作用的影响。

①夏宇、陈达：《浅析积极的财政政策对股市的影响》，载《吉林财税》，2002（1）。

（3）环向关联效应。此效应主要针对与房地产产业关系非常紧密的产业，这些产业与房地产行业互相作用和影响。例如，房地产行业一方面为金融业提供经营场所，另一方面又需要金融业为其提供融资性服务。环向关联产业主要包括金融业、社会服务业、建筑业、商业等。这类产业受房地产业供给和需求双向推动影响，可以说，房地产业对环向关联产业的带动效应最大。

4.3.4 资产估值通道

财政政策可以通过影响资本收益率，进而提高或降低资产的投资价值。

财政收支影响资产估值的情况可以从下面公式得出：

假定：社会总人口 N_t，人口以速率 n 增长。个体人均财富包括资产 S_t。股票资产的收益率为 r_t，投资者当期劳动收入为 w_t，当期人均税收为 T_t。C_t，P 分别表示消费支出和贴现率。个人投资者效用最大化函数满足：

$$\max_{c_t} \int_0^\infty \log(c_t)e^{-\rho t}dt$$

预算约束条件为：

$$c_t + \frac{ds_t}{dt} + ns_t = w_t + r_t s_t - \tau_t \quad (4.1)$$

那么其汉密顿方程为：

$$H = \log(C_t)e^{-\rho t} + \lambda(t)(w_t + r_t s_t - \tau_t - (c_t + ns_t))$$

则汉密顿函数满足的一阶极致条件为：

$$\frac{\partial H}{\partial c_t} = 0 \quad ; \quad \frac{d\lambda}{dt} = -\frac{\partial H}{\partial s_t}$$

整理方程，我们可以解出 C_t：

$$c_t = c_0 e^{\int_0^t (r_x - n - \rho) dx} \qquad (4.2)$$

对公式（4.1）两边同乘以下表达式：

$$e^{-\int_0^t (r_x - n) dx}$$

然后再$(0,\infty)$积分，分部积分告诉我们：

$$\int_0^\infty c_t e^{-\int_0^t (r_x - n) dx} dt = \int_0^\infty (w_t - \tau_t) e^{-\int_0^t (r_x - n) dx} dt + s_t$$

用公式（4.2）式代入以上表达式，整理可得以下结果：

（1） $c_t = \rho(w_t + s_t - \tau_t)$

若生产函数 $Y = F(K, L)$ 满足报酬不表性质，根据宏观经济总量可得均衡方程：

（2） $c_t = f(k_t) - G_t - i_t$

这里 G_t 表示人均政府支出，K_t 表示人均资本，i_t 表示人均资本增量。经济均衡解满足：

（3） $w_t = f(k_t) - k_t f'(k_t)$

（4） $r_t = f'(k_t)$

将公式（2）~（4）代入公式（1），可以得

$$r_t = (\rho k_t)^{-1}((\rho - 1) f(k_t) + \rho s_t + i_t - \rho \tau_t) + (\rho k_t)^{-1} G_t$$

因此，资产收益率与财政支出呈正比。

4.3.5 心理等非经济因素通道

无论是在股票市场还是房地产市场，影响资产价格的因素还包括投资主体和投资客体这两方面。其中：投资者主要是指市场的资金供给者，包括机

构投资者和个人投资者在内。而对于投资主体决策的影响必然会涉及投资者群体心理等主观因素，而这些会通过资产估值水平的高低反映出来。

投资者的心理及预期变化会对资产市场价格产生较大影响。大部分投资者都对股票和房地产市场抱有乐观态度时，就会忽视一些潜在不利因素，且易夸大有利因素对股票和房地产市场的影响。在这种情况下，广大投资者就会踊跃买进这些资产，而忽视了这些资产的基本价值层面，导致资产价格飞速上涨。反之，当大部分投资者都对市场抱有悲观态度时，便会忽视潜在的很多有利因素，而放大不利因素的影响，不顾资产的基本价值情况而盲目杀跌。还有另外一种情况，即当大部分投资者对市场持观望态度时，由于市场交易不活跃，资产价格在这种情况下通常呈盘整格局。

4.4 本章小结

发达市场经济国家与发展中国家都经历了资产市场价格的大幅波动。史实表明，资产价格的大幅波动无论对金融系统，还是对实体经济领域，抑或对社会稳定都带来风险因素。

鉴于股票市场资产价格过度的剧烈波动对经济造成的严重影响，从根本上决定了政府应关注资产价格过度波动。

财政政策通过以下通道影响资产价格：

一是宏观经济通道。在实施扩张性财政政策时，政府会采用增加购买性支出与投资性支出的方法，同时，扩张性财政政策无疑预示着未来经济将加速增长，或者经济发展进入繁荣阶段，进而刺激股票市场资产价格的上涨。

二是货币通道。财政政策经由货币的渠道对资产市场的价格产生作用，是财政政策影响资产价格波动的一个非常重要的影响机制。比如，利率、信贷规模、公开市场业务、行政指令等进行调整。财政收支过程本身就是货币流通过程的一个重要组成部分。

三是产业通道。财政政策通过产业渠道来影响股票价格。针对市场失灵或经济衰退，政府往往利用财政政策来干预并引导产业发展。财政政策的调整，必然对不同产业上市公司的股票资产价格产生不同的影响。房地产行业的繁荣一定程度上制约关联产业的发展。与此同时，关联产业直接对房地产行业发展的繁荣产生较大的影响。从产业之间供求相联系的角度出发，财政政策对房地产和其相关产业的实施效应包括三类，即前向关联效应、后向关联效应以及环向关联效应。

四是估值通道。财政政策可以通过影响资本收益率，进而提高或降低资产的投资价值。

五是心理等非经济因素通道。投资者的心理变化对资产价格变动影响很大。受一些假象和气氛渲染的影响，投资者会盲目追涨或杀跌，这无疑会加剧资产价格波动。

5 财政政策与资产价格调控的历史经验与启示

5.1 20世纪 20～30年代经济大萧条的启示

5.1.1 产生背景及表现

第一次世界大战后，美国开始取代英国成为世界经济的霸主。美国政府信奉无为而治的经济管理思想，在工业经济的蓬勃发展支持下，美国资本市场取得了蓬勃发展。从1924年开始，美国股票市场的资产价格开始上涨，市场投机的狂热程度也愈演愈烈，股票价格比其账面价值高出20倍，市场成交量也超出平常时期的三到四倍。当时的美国人相信他们所处的是一个没有经济停滞的历史新纪元。但是，由于缺乏有效的政府监管，美国经济表面上的大好形势下面蕴藏着巨大的风险。

20世纪30年代美国出现的经济危机，是由疯狂投机活动引起的金融危机而触发的。1929年10月24日，美国1280家企业的股票价格突然急剧下跌，一度完全失去了控制。1929年10月29日星期一，纽约股票交易所的全部股票平均下降50点，造成了历史上著名的“黑色星期一”。股票市场这场史无前例的大暴跌从1929年一直延续到1932年，由此构成20世纪30年代整个经济大萧条的导火索。1932年，西方国家的工业生产比1929年下降了大约37%，国际贸易下降了60%以上。这场经济大萧条使美国的国民生产总值（GNP）下降近30%，失业率从3%上升到25%。1929～1930年，美国有6987家银行倒闭，1931年倒闭2294家，1932年倒闭1456家。事实上，经济大萧条的危机程度之深大大超出了预期。美国金融危机爆发后，迅速蔓延到整个资本主义世界，形成了20世纪30年代的经济危机，史称“大萧条”。

5.1.2 政策措施及效果

经济大萧条之前，由于奉行亚当·斯密的廉价政府理论，美国联邦政府一直遵循小的、平衡的财政预算理念。1789～1932年间数据显示，仅有1/3年份的年度预算出现赤字。而赤字情况往往是出现在卷入战争，或者当经济处于衰退时。从1932年至今，共有不到1/5的年份出现预算盈余，其余年度都是赤字。

经济危机产生初期，胡佛政府仍然奉行自由放任主义经济学。就其经济政策的基本取向来说，一方面坚持反对联邦政府采取大规模救济措施，另一方面，追求不切实际的财政预算平衡，避免财政赤字，甚至将其作为下届美国总统竞选的竞选纲领。而在1930年通过的新“关税法令”中，关税所有税率的平均水平都提高了，1/3的征税项目变动了，有890种增加了税率，其中包括由免税改为征税的有50种。提高关税的结果是加速了美国对外贸易的下降，并在1932年通过了《增税法案》，这是美国历史上税收增长幅度最大的法案，上述措施的出台导致美国经济活动停滞、失业率增长，金融业极度惨淡，并且最重要的是导致美国丧失了阻止经济进一步走向萧条的良机，整个美国经济自此陷入严峻的经济危机沼泽。

1933年，为了解决经济总需求不足、失业率增加、社会经济全面陷入萧条的严酷局面，罗斯福一改任经济自由发展的传统观点，开始实施大规模财政赤字政策。美国大力增加政府支出，加大公共设施和公共工程建设，从而带动社会总需求增长。通过政府全面介入经济领域，在投资乘数的扩张作用下，美国国民收入成倍增长，经济也开始复苏。可以说，罗斯福政府运用财政、信贷两个杠杆对宏观经济进行调节，医治市场经济自发机制所造成的生产过剩、供过于求的痼疾。这开创了国家全面干预经济的先河，是国家在财政政策取向上的巨大转变，历史上称之为“罗斯福新政”。

在罗斯福“新政”时期，所采取的财政措施包括扩大政府公共基础设施建设、加大社会保障力度以及减少税收等。

第一，增加政府公共建设支出，实施“以工代赈”政策。罗斯福政府在危机期间大规模兴办公共工程，着力改善市政建设，并将之作为国家长远发展的重要政策工具和发展规划。可见，这显然不只是为了解决公众就业问题，而最重要的意义在于提高劳动者的文化教育素质，使国民资源得以充分保护和利用，这对于发展国民经济具有深远影响。

第二，成立联邦住房管理局和房主贷款公司，并通过了《住宅法》。联邦住房管理局主要工作如下：一是为公共住宅建设提供贷款以及为住房抵押贷款提供担保；二是授权房主贷款公司为低收入者和住房困难的家庭提供财政援助，并给予购房者一定程度上的税收优惠，从而切实将政府的公共住宅建设和解决贫困人口与家庭的住房问题有机结合。

第三，调整农业政策。实际上政府通过奖励补偿等手段来压缩农业产量，调整农业生产结构。美国政府收购农产品等措施起到了国家监督调节经济的作用，有利于稳定农产品价格，改善农业生产环境。

上述财政刺激的政策手段对于美国经济走出大萧条产生了深远的影响，对于房地产和股票等资产价格的稳定回升也起到了积极的促进作用（见表 5-1）。

表5-1 1929～1937年美国重要经济指标

单位：10亿美元

年份	GDP	与上一年相比GDP的变化率（%）	个人消费支出	国内私人投资	政府消费支出和总投资	国内产品最终消费量	GNP	通货膨胀率（5）	CPI（1929=100）	失业率（%）
1929	103.6	—	77.4	16.5	9.4	102.1	104.4	0	100.0	3.2
1930	91.2	-12.0	70.1	10.8	10.0	91.4	91.9	-2.66	97.4	8.7
1931	76.5	-16.1	60.7	5.9	9.9	77.6	77.0	-8.94	88.7	15.9
1932	58.7	-23.2	48.7	1.3	8.7	61.1	59.1	-0.30	79.7	23.6
1933	56.4	-4.0	45.9	1.7	8.7	57.8	56.7	-5.09	75.44	24.9
1934	66.0	17.0	51.5	3.7	10.5	66.6	66.3	3.51	78.0	21.7
1935	73.3	11.1	55.9	6.7	10.9	72.2	73.6	2.56	80.1	20.1
1936	83.8	14.3	62.2	8.6	13.1	82.6	84.0	1.04	80.9	16.9
1937	91.9	9.7	66.8	12.2	12.8	89.2	92.2	3.73	83.3	14.3

资料来源：黎雁南：《应对经济萧条的财政政策及其国际比较》，湖南大学硕士学位论文，2009。

图5-1 美国1930～1940年道·琼斯指数变化图

从图 5-1 中可以看到，股票市场的指向灯——道·琼斯指数从 1933 年开始摆脱了急剧下降的趋势，6 年上涨 66%，并逐步呈稳定上升趋势。

另外，在《住宅法》等相关法规的带动下，美国的住宅由所有者占用的比例从 1930 年的 48% 上升到 1980 年的 65.5%。据统计，1934 年至 1937 年，通过清理旧住宅、购买土地，在联邦公共工程署住房部的直接主持下，总共在 36 个城市签订了 51 项住房工程合同，建有 21640 套住房。在刺激政策的促进下，美国房地产市场慢慢复苏，逐渐走向繁荣。

5.1.3 评价及启示

美国第一次有意利用联邦政府预算来刺激经济发生是在 1938 年，当时凯恩斯主义尚未流行，美国当时的政策与凯恩斯的思想也没有任何关系。但毫无疑问的是，经济大萧条为凯恩斯主义的推行提供了实验场。大体上，美国政府在大萧条时期推行扩张性的财政政策经历了三个阶段：

第一个阶段是实施膨胀性的财政政策。20 世纪 30 年代经济危机爆发，自由放任的经济思想和政策受到广泛质疑。在这种背景下，以政府对经济的大规模干预为特征的“罗斯福新政”应运而生。一方面，包括凯恩斯主义在内的 19 世纪末 20 世纪初美国进步的实用主义哲学思潮，第一次世界大战期间对经济的全面干预，以及 20 世纪 20 ~ 30 年代早期制度学派经济学等思想理论创新，为罗斯福的政府干预行为在理论和实践上得到有力的支撑。另一方面，美国在通过财政政策解决经济大萧条方面的成功实践，奠定了凯恩斯主义在宏观经济理论政策方面的重要地位，自此，凯恩斯主义被社会学术各界广泛接受。

第二个阶段是实施补偿性财政政策。经过第二次世界大战的冲击，失业问题是美国当时所面临的首要问题，其次是通货膨胀问题。而上述膨胀性的财政政策必然会对通货膨胀起到推波助澜作用。此背景下，补偿性的财政与货币政策得到了重视。美国杜鲁门总统与艾森豪威尔总统时期分别实施了补偿性的财政政策。值得注意的是，1946 年美国以法律形式通过《就业法》，法律规定联邦政府有责任运用一切手段对经济进行干预，为政府的经济干预奠定了坚实的法律基础。自此，美国政府对经济和社会的调控也进入了一个新时期。

第三个阶段是增长性的财政政策。增长性的财政政策即赤字预算财政政策，其以刺激经济增长为目的，具有连续增长性。可以说，20 世纪 60 年代是凯恩斯主义经济政策的地位登峰造极的时期。从美国政府实施增长性的财政政策来看，凯恩斯主义强调的宏观经济政策作为促进经济增长的重要手段，已经单单超出了反萧条、解决经济危机的目的。这标志着国家干预经济的规模扩大到了空前的范围。[①]

①向东、杨再平、黄伟：《公共财政经济建设职能新论》，中国金融出版社，2011。

5.2 20世纪80年代日本经济危机的启示

5.2.1 产生背景及表现

20 世纪 70 年代日本经济高速发展，具有很强的国际竞争力，已经成为资本主义世界的第二大经济体。由于日本经济扭转了高速增长时期“贸易赤字—经济紧缩—贸易黑字—经济扩张—贸易赤字”的循环，实现了国际贸易的长期顺差。与此同时，日本与发达国家特别是同美国之间的贸易斗争日益尖锐。

在这一时期，日本的经济政策明显体现了“增长第一”的发展思路。日本经济政策重点体现在重积累、轻消费，重社会生产基础设施、轻社会生活基础设施上。日本经济高速增长的结果是，虽然经济总量跃居世界前列，但是国民福利却远远落后于市场经济发达国家的平均水平。1970 年日本经济企划厅提出“向高福利经济前进”的口号。这意味着日本要把更多的资源用于福利性支出而不是生产性资本的积累，必然影响到整体经济的增长速度。同时，日本政府在财政的指导思想和原则上也从平衡的古典财政原则，转向调节经济的凯恩斯主义原则，解除了长期以来对发行国债的戒备心理。

1973年第一次石油危机的出现，给了日本经济沉重的打击，最终导致日本负债财政的形成。为了抵御石油危机对日本经济冲击的影响，日本政府自1975年开始大量发行国债，采取扩张性的财政政策。财政政策的结果导致赤字增加，财政状况逐步恶化。到1980年，日本的国债负担率达到37.3%，超过了美国（25.7%）；国债依存度为33.5%，也超过了主要发达国家20世纪70年代后半期以来的峰值。到1985年度，偿付国债支出，成为一般会计支出最大项目，占当年一般预算支出的19.21%，大大削弱了财政调节经济的灵活性。为应对经济低迷的局面，日本政府在20世纪80年代初提出了“财政重建计划”。该财政计划的核心内容是：在不增加税负的条件下，缩减财政开支，逐渐摆脱依靠发行巨额国债来维持财政的困境，最终实现财政预算平衡。其间经历了增税重建—不增税重建—增税重建的轮回，到1991年实现了赤字国债零发行，日本政府也在1990年宣布实现了重建的财政目标。然而，20世纪90年代的经济萧条，很快吞噬了日本经济十年重建成果，日本又不得不走上了高赤字、高债务负担依赖的老路。

自1985年末到1987年的三年里，日本政府实施了扩张性的财政政策。在此期间，还辅之以扩张性货币政策的推行，以此为市场提供了足够的流动性。但是，日本企业却将大笔的资金用于金融资产和土地投资。可以说，财政政策与货币政策的双宽松直接构成了引发房地产市场和股票市场出现资产泡沫的重要政策诱因。

在政策基本面和宏观经济基本面都向好的情况下，日本股票市场与房地产市场都开始一路上涨，直到最终出现了资产泡沫。其中，股票市场从1985年末的13113.32点，上升到1989年末股市的最高点38915.87点。在短短的4年的时间里，日本股票市场指数上涨了2倍多，是GDP平均增长率4.5%的13倍多。从日本六大都市土地价格指数来看，1985年为92.9，1989年为212.8。一方面，由于日本资产价格的膨胀被稳定的物价水平所掩盖，并没有引起日本政府的重视。另一方面，日本资产价格的大涨，直接刺激了国内消费需求的迅速增长，整个经济体都出现了泡沫。

面对经济一片繁荣的景象，日本政府于1989年开始增设税率为3%的消费税。虽然这一政策为1991年实现赤字为零的“财政重建计划”立了大功，但随后的紧缩性货币政策却将日本经济泡沫击破。最初，日本股市泡沫出现破裂，1989年底股市崩盘。1992年日本政府开征了“土地持有税”后，房地产经济迅速衰退，地产价格持续下跌。接下来，股票市场价格与房地产市场资产价格双双下跌。从1990初开始，日本股市一路下跌，到1992年7月跌到16000点以下，日本房价、地价又持续下跌。截止到2007年，日本房地产的资产价格仅仅相当于1979年的水平。

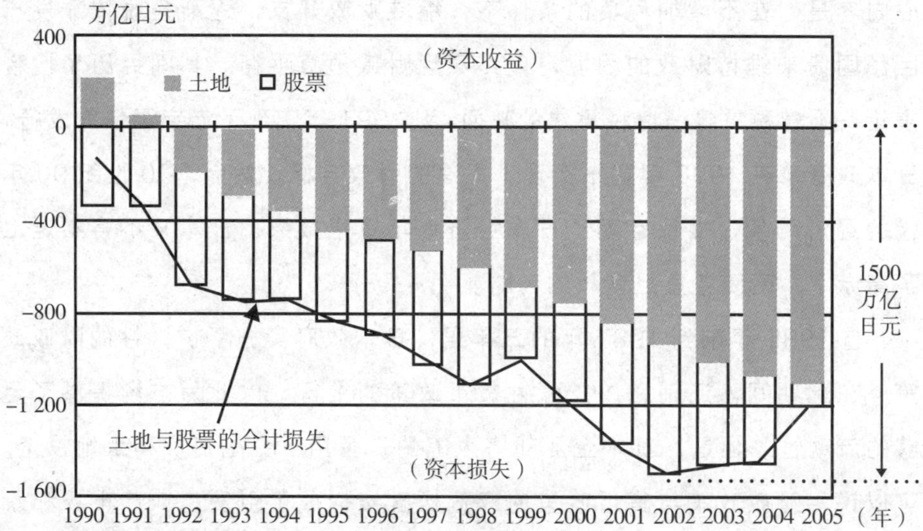

资料来源：辜朝明著，喻海翔译：《大衰退——如何在金融危机中幸存和发展》，东方出版社，2008。

图5-2 资产价格下跌造成了日本1500亿日元的财富损失

日本股票市场与房地产市场资产价格的双双暴跌，诱发了日本各经济主体的资产负债表危机。[①]在1985～1995年期间，面对资产泡沫的迅

①辜朝明著，喻海翔译：《大衰退——如何在金融危机中幸存和发展》，东方出版社，2008。

速增长，日本政府的货币政策过度宽松，有意或无意地强化了房地产市场的资产价格泡沫。面对迅速崩溃的资产价格泡沫，日本政府试图稳定股票和房地产市场。但是，由于没有能够实施有效的调控政策，日本步入长期经济衰退的轨道。

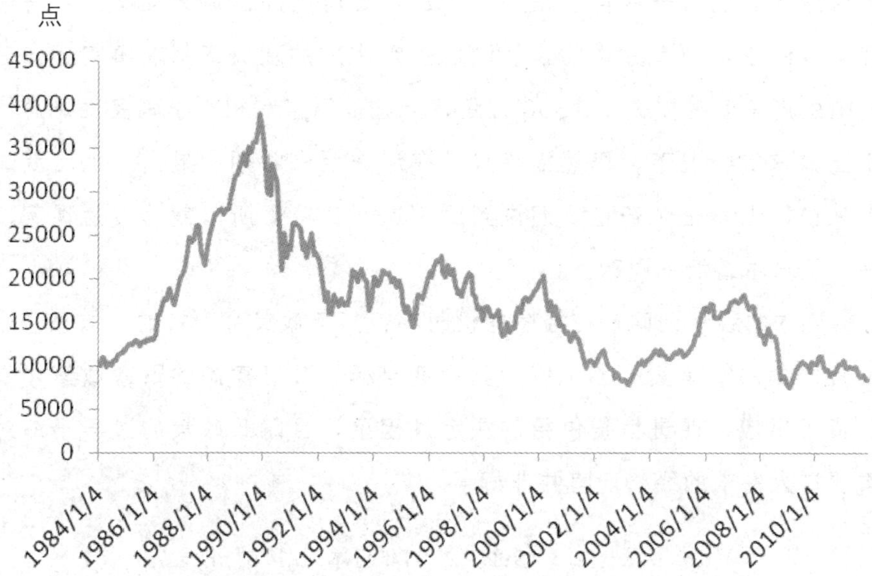

资料来源：雅虎财经。

图5-3 1984～2012年日经225指数变动趋势

5.2.2 措施及效果

为了解决资产泡沫破灭后的经济衰退问题，刺激经济恢复增长，日本政府在 1992 年 3 月开始了“经济景气对策”，推出了一系列的扩张性财政政策。具体政策措施包括围绕公共投资、多次扩张财政支出和减税政策。尽管如此，政府出台的多轮政策都没有能够摆脱日本经济的衰退局面。自此，日本经济进入长达十多年的萧条期，经济增长始终徘徊在衰退与复苏的停滞状态之中，史称“失去的十年”。

在过去的十几年中，日本的货币政策与货币供应完全依赖于政府的财政政策。自1998年以来，日本私营企业主要致力于偿还债务。这使得政府成为了唯一的资金借贷方，日本政府借贷的增加导致了货币供应量的上升，加强了货币政策的效果。换句话说，政府的借贷是确保货币供应量稳定增长的唯一途径。正是由于日本政府增加了财政支出，才得以在现实经济生活中有效地防止了国民生活水准的骤然下降。事实上，日本国内生产总值在损失了1500万亿日元国民财富和相当于国民生产总值的企业需求的情况下，仍然能够维持在泡沫经济时期的最高点上。就这一点来说，无疑是个奇迹。而说到底，这一奇迹之所以能够成为现实，正是由于日本政府的财政支出。

日本的经验证明，在经济危机时期，货币政策毫无裨益，依靠通胀来削减债务的政策实际上难以达到预期目标；政府实施的财政政策才是保证货币供应，促进信贷供给的决定性因素，且财政政策的过早紧缩对于需要扩大需求的经济而言并非好事。

表5-2　1992~2001年日本的财政支出

时间	主要内容	资金规模（万亿日元）
1992年8月	扩大公共投资，帮助中小企业解决面临的问题，促进民间设备投资	10.7
1993年4月	同上	13.2
1993年9月	整建社会基础设施，帮助中小企业解决面临的问题	6.2
1994年2月	扩大公共投资，帮助中小企业解决面临的问题，减少所得税	15.3
1995年4月	大阪地震，紧急救灾，帮助中小企业解决面临的问题	7
1995年9月	扩大公共投资，帮助中小企业解决面临的问题	14.2
1998年4月	扩大公共投资，减轻租税负担	16.75
1998年11月	缓解借贷，扩大公共投资，增加就业	23.9
1999年11月	增加就业，增加基础设施投资，支持中小企业和风险企业等	18.54
2000年	财年补充预算，增加就业，增加基础设施投资	48
2001年	财年第一次补充预算，加强就业，扶植中小企业，加速结构改革	1
2001年	财年第二次补充预算，扩大产业投资，扩大公共投资	2.6

资料来源：张玉棉、苏昌胜、李守铎：《论日本财政政策对股市波动的影响》，载《日本问题研究》，2008（1）。

表5-3　1994年和1998年日本的减税措施

时间	减税规模（万亿日元）	制定过程
1994年1月28日	6～7	政府案预计
1994年2月3日	5.3	政府案预计
1994年2月8日	5.47	政府最终决定
1998年3月29日	3～4	政府、自民党方针
1998年4月9日	4	首相声明
1998年4月24日	4	政府最终决定
1998年10月6日	7	首相的内阁会议发言
1998年11月12日	7	政府案预计
1998年11月16日	6	政府最终决定

资料来源：张玉棉、苏昌胜、李守铎：《论日本财政政策对股市波动的影响》，载《日本问题研究》，2008（1）。

5.2.3 评价及启示

从财政政策对股市和房地产价格变动的分析结果来看，在经济危机来临和问题解决时，财政政策的前后缺乏一致性是导致日本经济与股市产生泡沫的一个重要原因。此外，日本政府在相机抉择政策态度上的迟疑不决，以及措施的乏力，也构成了财政政策措施效果不明显的主要原因。

在经济危机来临的这段时期内，由于流动性陷阱（低利率高储蓄）和信用紧缩的双重压力，日本经济发展速度相当缓慢。考虑到资产价格剧烈波动给经济带来的影响和冲击，没有观点会不同意宏观经济调控政策应该发挥效用。重要的是，这一时期究竟应该出台哪一种类型和何种水平的政策调控。

事实上，无论哪一种政策，都会对经济其他方面产生影响。这就需要政府部门迅速权衡利弊，进一步挖掘这一举措将会产生何种效应。特别是在货币政策与财政政策的相机抉择上，其中应该考虑的一个重要因素是其可能会对资产价格波动方面的影响。

如果推行紧缩性财政政策，那不光是取得银行贷款较为困难，利息率随之提高，通常意味着资产交易的市场行为可能也会受到影响。这意味着，只有在通货膨胀较严重时，才比较适合采用紧缩性的财政政策。否则，正常的经济活动会受到影响。因此，政策制定者更应关注的是对整体经济活动产生的叠加效应。这是日本经济危机及其政策带给我们的启示。

此外，要同时注意吸取日本政府实施扩张的财政政策所带来债务上升等经验和教训。

5.3 20世纪90年代亚洲金融危机的启示

5.3.1 背景及表现

1997年7月2日，泰国宣布实施浮动汇率制度，放弃固定汇率制度。消息传出，外汇及其他金融市场一片混乱，泰铢兑美元汇率当天下降了17%。之后，菲律宾、马来西亚、印度尼西亚等国，也先后实行浮动汇率制。到1997年底，菲律宾比索、印度尼西亚盾、马来西亚林吉特都下跌了40%以上，新加坡元跌幅也超过10%。与此同时，泰国、印度尼西亚、马来西亚、菲律宾、新加坡股市的下跌幅度，分别高达75.9%、73.3%、69.1%、61.7%和43.1%。中国香港港元、台湾新台币相继受到国际游资的冲击，出现大幅贬值。

之后，韩国也爆发了金融风暴，韩元大幅贬值。1997年10月以后，韩国股票综合指数跌破600点大关。1998年韩国的人均国民收入倒退为6300美元，比1996年锐减近4000美元。在东南亚国家和韩国相继出现危机的冲击，作为主要债权国和投资者的日本经济也遭受冲击，大量银行和证券公司相继破产。，到1997年底，日经指数比上一年下跌了25%。到1998年，日本经济形势进一步恶化，全国共有两万多家企业倒闭，负债总额超过 13 万亿日元。1998 年，亚洲金融风暴又袭击了俄罗斯，使俄罗斯再一次滑到经济崩溃的悬崖边。自此，东南亚货币危机正式演变成为亚洲金融危机。不久，拉丁美洲及欧洲各国感受到了此次亚洲金融危机对本国经济的震荡，就连世界头号经济强国美国也同样遭到冲击。

表5-4 亚洲一些国家和地区股票指数下跌情况（1997～1998年）

指数	1997年7月1日 闭市	1998年6月30日 闭市	跌幅
马来西亚	1078.9	455.6	57%
泰国	527.3	267.3	49%
新加坡	1981.3	1066.7	46%
中国香港	15196	8543	45%
印度尼西亚	731.6	445.9	39%
日本	20175	15830	21%

5.3.2 措施及效果

在亚洲金融危机时期，IMF（International Monetary Fund，国际货币基金组织）等国际组织向亚洲危机国提供了贷款援助。总体上看，东南亚各危机国要么接受了 IMF 的贷款条件，要么结合本国的实际情况，大都基本采取了财政紧缩的政策。

为了应对危机，泰国政府正式请求国际货币基金组织提供 160 亿美元的救援。1997 年 8 月 6 日，泰国宣布接受 IMF 非常苛刻的救援计划，开始了全面的经济改革。为了防止财政赤字，印尼政府紧缩的财政政策包括压缩财政开支、减少对外举债、缓建一些政府的工程项目等。

表5-5 亚洲金融危机时期的财政政策

国家	财政政策
泰国	实行紧缩性财政政策，削减当年财政预算1000亿泰铢；大幅度提高进口税和营业税；政府对91家金融财务公司的债权和储户提供担保。
印尼	实行紧缩财政政策，压缩财政开支，减少对外举债，缓建一些政府和国有企业的工程项目；政府关闭危机银行，整顿金融机构。
马来西亚	延期建设大型项目，削减政府支出，鼓励本国货物替代进口货物；降低法人税和出口原油税；对证券公司的合并、重组加强指导。
韩国	增加政府支出帮助金融业结构调整；推进公共部门改革，调整政府机构，改变政府职能；对金融机构和大型企业提供资金支持，等等。

资料来源：何秉孟、刘溶沧和刘树成：《亚洲金融危机：分析与对策》，社会科学文献出版社，2007。

在金融危机之后，泰国政府实行紧缩的财政政策。比如，连续三次削减财政开支，削减内阁官员和其他政府官员的工资20%；开展“泰国人救泰国”的运动，提倡国货，减少进口；提高税收，将增值税从7%提高到10%。

对于泰国政府的这些经济政策效果，学界出现不少批评之声。比如，兰姆弗赖斯（2002）指出，IMF要求印度尼西亚实行紧缩的货币政策没有达到预想效果，要求泰国实行紧缩的财政政策是错误的。从实际的执行情况看，IMF挽救亚洲国家的经济政策宣布以后，各国的金融危机并没有得到有效遏制，反而有进一步恶化的趋势。事实上，当IMF挽救泰国危机的一揽子计划宣布以后，泰国证券交易所的指数猛跌3.4%，泰国银行业和金融业的所有交易立即中断。1998年初，亚洲金融市场再度掀起了抛售风潮，股票市场和外汇市场持续狂跌。从1月5日到1月15日，印尼盾贬值了36%，股票价格下跌了16.3%，1月12日，泰铢贬值高达10%以上。

1998年初，亚洲经济危机波及国的财政赤字在1998年明显增加，印度尼西亚、韩国、泰国的财政赤字分别达到了3.6%、5.0%和2.6%。

但是，财政赤字的增加对总体经济的扩张影响有限。这主要有两方面原因：一方面，财政赤字的增加不仅反映了政府宏观经济政策取向的变化，而且反映了经济下滑和汇率贬值等环境变化所造成的税收收入的减少。所以，虽然财政政策出现了明显扩张迹象，但整体上对经济的刺激却并不明显。另一方面，在各项财政开支中，用于维护社会经济稳定的政府转移支付所占的比例有所上升。而且，政府转移支付的乘数，要小于政府购买乘数。所以，扩张性财政政策对经济的刺激作用有所降低。此外，事实表明，亚洲经济衰退的程度远远超过当初救助政策制定之际的预期。

5.3.3 评价及启示

从求助政策的实施效果来看，其结果适得其反。各国经济危机的态势不仅没有降低，反而进一步加重了经济下滑。其中，在东南亚金融危机爆发的初期，亚洲很多国家实行紧缩性的财政政策。这使得资产价格的下跌幅度也进一步恶化。期间，各国政府财政政策转向，由紧缩性财政政策转为实施扩张性的财政政策。在后期，扩张性的财政政策使得各国的赤字大量增加。各国政府由于在税收与政府支出比例上的安排不当，扩张性财政政策对经济的刺激作用总体较小，并且东南亚各国还出现了实施赤字政策带来诸如债务负担的增加等“后遗症”。

总的来说，亚洲各国的应对措施带给我们的启示有：

首先，在危机中，政府采取扩张性的财政政策是必需的，但更重要的是，要掌握扩张性财政政策出台的实行时间和节奏，否则会影响政策的效果。事实上，直到亚洲金融危机的中后期，扩张性财政政策才开始运用。因此，东南亚各国政府错过了进行经济危机救助的最好时机。

其次，在财政政策的各种工具间要注意取舍，用于财政支出、转移支付以及税收等方面之间的比例结构要适当。如果政策工具的安排不协调，一些"乘数效应"的相互中和，无疑会抵减扩张性财政政策应有的实施效果。

最后，过度运用的财政赤字政策也会给一国政府带来相当的债务负担和经济结构的失衡，出现了"拔苗助长"之类的负面作用。因此，在实施扩张的财政政策时，要考虑一国的经济承受能力，以及对经济结构的影响。

5.4 2008年全球金融危机与财政政策的运用

2008 年国际金融危机自爆发后，对全球的资产价格，包括股市、债市、黄金的价格产生了严重冲击。股票市场等资产价格的波动反映了世界经济形势存在不确定性，各国政府财政政策的出台也因此而徘徊在宏观经济紧缩与通胀恶化的预期效应两难之间。而在金融危机期间，全球资产价格面临更多的大幅振荡，无疑又将对全球经济的复苏进程产生不容忽视的影响。

5.4.1 背景及表现

首先，全球股票市场进入同步下跌期，各国政府普遍实施救助政策。

就美国股市与房地产的情况而言。2008 年的国际金融危机根源于美国房地产业的资产泡沫。而金融危机的全面爆发，又给美国房地产市场的资产价格带来更大的冲击。

2007 年，美国住宅房地产业由于融资来源的几乎耗尽，已然濒临歇业的边缘。由于许多小银行普遍与该行业有大量业务往来，监管者也开始下调这些小银行的信用评级。自 2007 年下半年起，全球的主要股票市场就开始进入调整期。在接下来一年多的时间里，多数国家的股票市场指数几乎是同步创下最近几年的新低点。根据美国标准普尔公司公布的数据，2008 年前十个月，全球股市共蒸发市值 16.22 万亿美元。

在连续加息的压力下，从 2006 年第一季度开始，美国房地产市场的资产价格就出现了温和下降的趋势。经过两年多的持续下跌，到 2008 年 9 月，美国主要大城市的房价比 2006 年 6 月的最高点下跌了 21%，大致回落到 2004 年 5 月份的水平。在房地产价格不断下跌的情况下，美国新房开工量和房屋销售量也开始回落。2009 年 4 月末，美国标准普尔 20 城市房价指数较危机前的高点（2008 年 8 月的数据）下跌了 32%。

截至 2007 年末，在联邦存款保险公司（Federal Deposit Insurance Corporation）的“问题名单”上，列出了 76 家银行，主要是小银行，这些银行的总资产达到 222 亿美元（值得一提的是，2008 年初当大银行信用评级被下调时，它们并未出现在 FDIC 的“问题名单”上，因为监管者很少给这些大型机构以最低评级）。

2008 年，美国银行业的收入继续下降。一些大银行开展表外业务，比如货币市场基金或是商业票据项目，而事实上，这些资产的贬值速度相当快。最开始，大银行下降的幅度超过了小银行，部分原因就在于其投行类型业务相关的资产减值（包括对 MBS、CDOs 以及 CLOs 的包装出售业务），此类证券市值的下降，相应要求银行降低其持有的规模。

当美国几大信用评级机构下调债券保险公司的信用评级时，几乎市场上所有的人都开始慌张。因为，债券保险公司担保了数万亿美元的结构化产品，而受此影响，其所担保的所有资产（包括市政债券和其他证券）都可能或多或少会贬值，而资产市值的下降，又必然会影响市场上较为保守的机构投资者。这种冲击效应（knock-on effect）的后果就是系统性风险，通俗地讲，就是多米诺效应（domino effect）。

美联储前主席艾伦·格林斯潘曾说，此次美国正陷于“百年一遇”的金融危机中，且这是他职业生涯中所遭遇的最严重的一次金融危机，并将持续影响美国的房地产价格。

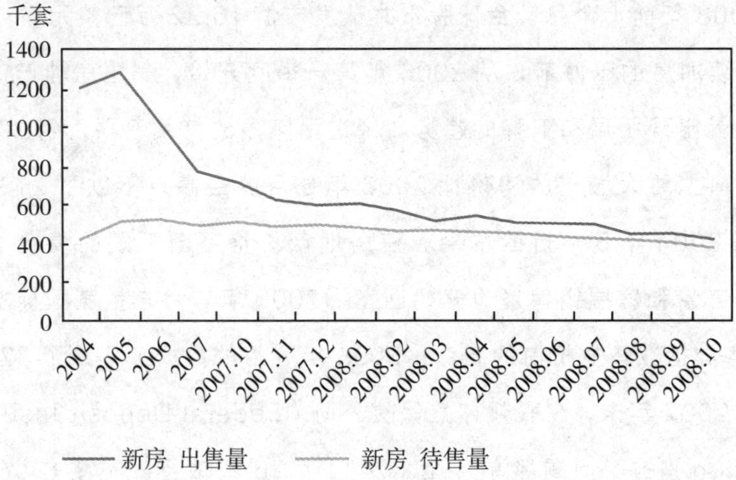

注：数据已按年率进行季度调整。

资料来源：全美住房建筑商协会（U. S. National Association of Home Builders，NAHB）。

图5-4 美国新房销售量

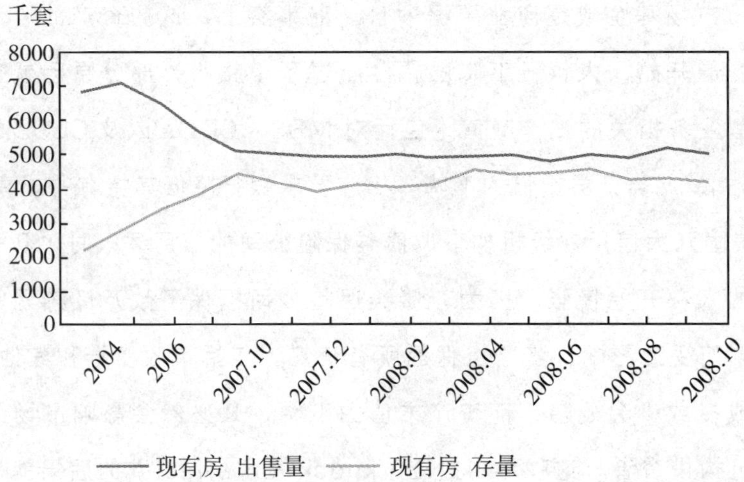

资料来源：NAHB。

图5-5 美国现有房出售量

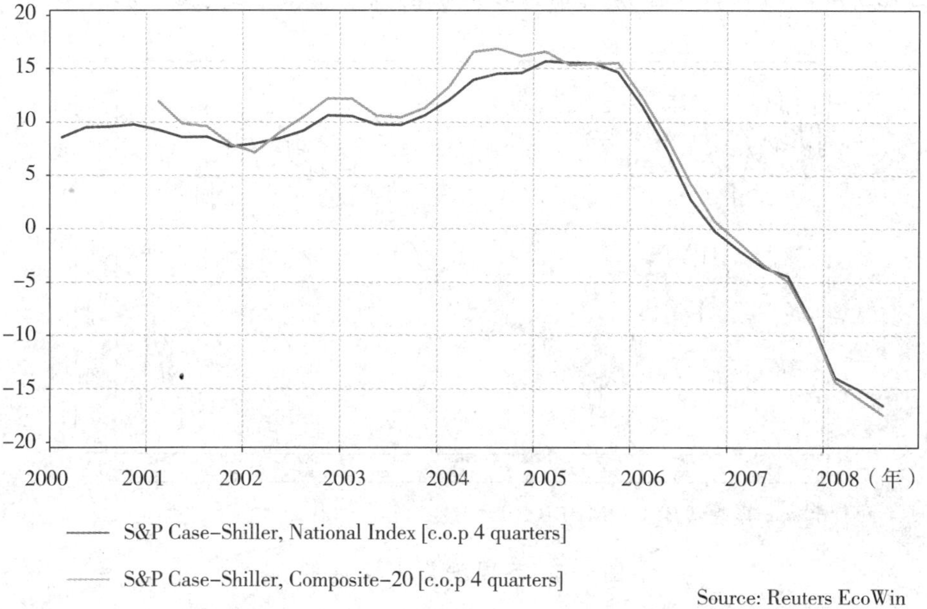

图5-6 美国标准普尔/Case Shiller 指数

2011 年初，美国经济出现第二次探底。2011 年第一节度，美国 GDP 增长率从上期的 2.3% 迅速下滑至 0.4%。随后美国经济逐渐恢复，2011 年第四季度，美国 GDP 增长率已经达到 3% 的水平。

从英国的情况来看。2008 年金融危机的出现宣告了英国股票市场牛市周期的正式结束。英国股市自 2003 年 3 月开始进入一个大的上升周期，一直持续到 2007 年底。自 2008 年第二季度起，股票市场的投资气氛大幅度逆转，股票价格下跌的压力日渐明显。尤其是 2008 年 9 月美国次贷危机进入全面金融危机阶段后，英国《金融时报》100 种股票平均价格指数一度出现了暴跌行情。2008 年 10 月 27 日，伦敦股市开盘大跌，《金融时报》100 种股票平均价格指数最终报收 3852.59 点，是 2003 年 4 月以来的最低点。同样，从 2007 年底开始，英国房地产市场的资产价格开始下跌，并且下跌的幅度逐渐扩大。

2009 年 6 月末，英国房价指数较危机前高点下跌了近 20%。

资料来源：彭博（BLOOMBERG）。

图5-7 英国股票市场走势

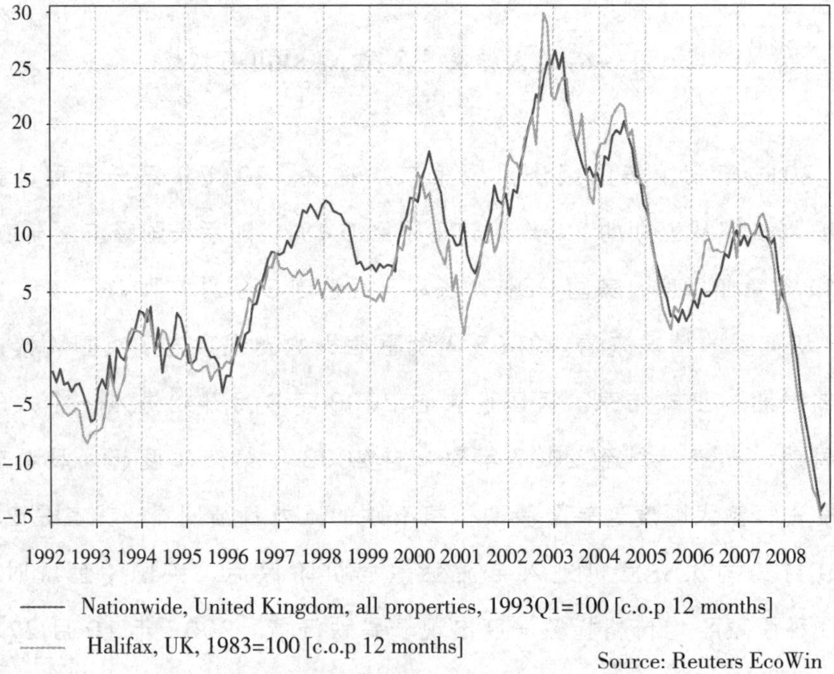

资料来源：彭博（BLOOMBERG）。

图5-8 英国的房地产价格指数

次贷危机对欧元区经济带来极大的影响。巴黎 CAC40 股票指数从 2003 年第二季度起进入上升周期，到 2007 年第二季度到达本轮周期的顶点。进入 2008 年伊始，巴黎 CAC40 股指加速下滑，下探至 4500 点。2008 年 9 月起，巴黎 CAC40 股票指数与全球其他市场同步进入暴跌期。2008 年 9 月到 10 月间，巴黎 CAC40 股指在很短的时间段内，从 4500 点大幅下挫到 3000 点，较 2008 年初下跌 46%。数据显示，法国房地产市场出现的危机甚至要比 20 世纪 90 年代初的房地产危机更为严重。2008 年第三季度，法国新房的销售量同比锐减了 44%。

资料来源：彭博（BLOOMBERG）。

图5-9 法国股票市场走势

德国股票市场遭受到 2008 年金融危机的强烈冲击。德国股市 DAX 指数自 2003 年 3 月开始上升，并于 2007 年 7 月 13 日到达本轮周期的顶点 8151.57 点。2008 年初，德国股市 DAX 指数出现 1000 点的下跌。2008 年 9 月起，德国股市 DAX 指数呈现暴跌行情，由 6500 点快速下跌到 4000 点，跌幅达 40% 左右，为 2004 年以来的最低点。

资料来源：彭博（BLOOMBERG）。

图5-10　德国股票市场走势

进入 2011 年后，在欧债危机的反复冲击下，欧元区经济增长日益陷入困顿。2012 年第一季度欧元区经济已经陷入零增长，其中希腊 GDP 增长率为 -6.2%，已陷入较为明显的衰退。

在亚洲，受 2008 年金融危机的冲击，日本股票市场出现了非理性的下跌。2008 年 10 月，东京股票市场出现了连续大幅下挫。同年 10 月 27 日，日经 225 股指以 7162.9 点报收，刷新了 2003 年 4 月的日本泡沫经济破灭后的最低纪录，并且，创出了自 1982 年 10 月 7 日以来的最低收盘价。尽管日本政府表示要重新开始购入银行持有的股票，但事实上，政府一系列的紧急救市措施效果微弱，东京股市仍然弥漫着浓重的悲观情绪。日经 225 股指一度继续下挫至 7486.44 点，跌破 7500 点重要心理关口。

资料来源：彭博（BLOOMBERG）

图5-11　日本股票市场走势

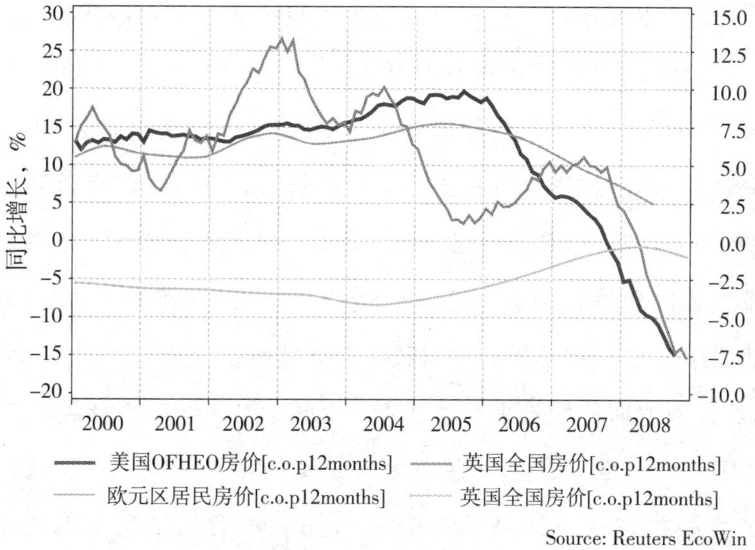

资料来源：彭博（BLOOMBERG）。

图5-12 欧元区、英国、美国及日本的房地产价格

2008 年国际金融危机爆发后，新兴市场的资产价格开始放大了波动的幅度。尤其是 2008 年 9 月以来的全球金融市场动荡，给新兴市场带来新一轮冲击。而且，主要新兴市场国家股票市场的下跌幅度，要大大地超过发达国家股市的下跌幅度。

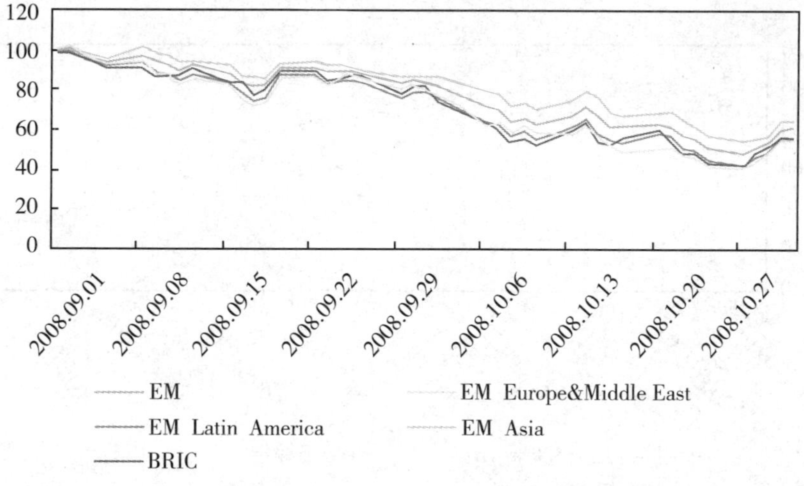

资料来源：CEIC。

图5-13 新兴市场MSCI指数（2008年9月1日＝100）

在亚洲，自2008年9月起，由于各国投资者对世界经济前景担忧情绪加剧，亚太地区主要股市出现全线的大幅下挫。比如，2008年10月24日，菲律宾马尼拉股市主要股指下跌42.43点，跌幅为2.1%。新加坡股市海峡时报指数下跌145.39点，跌幅为8.33%。印度孟买股市敏感30指数下跌1070.63点，收于8701.07点，跌幅为10.96%。印度尼西亚雅加达股票综合指数下跌92.34点，跌幅为6.9%。自2008年4月起，俄罗斯股市持续下跌，由2500点连续跌破直抵510点。到2008年10月底，俄罗斯的股价平均值回到了2003年下半年的水平。

在拉丁美洲，全球金融动荡对地区经济的影响加剧，投资者大量抛售拉美的金融类资产。2008年10月21日，布宜诺斯艾利斯股市梅尔瓦指数大幅下跌，股市交易数次中断，最终以940.82点报收，跌幅超过10%，这也是梅尔瓦指数过去四年来首次跌破1000点大关。10月22日，巴西圣保罗股市跌幅曾超过10%，并触发自动停盘机制，交易一度中断。当天，秘鲁、墨西哥、智利和哥伦比亚股市的主要股指跌幅也分别达到了9.4%、7.01%、5.91%和4.88%。与此同时，阿根廷国家的风险指数迅速攀升至1900点，达到了2001年金融危机前的水平。

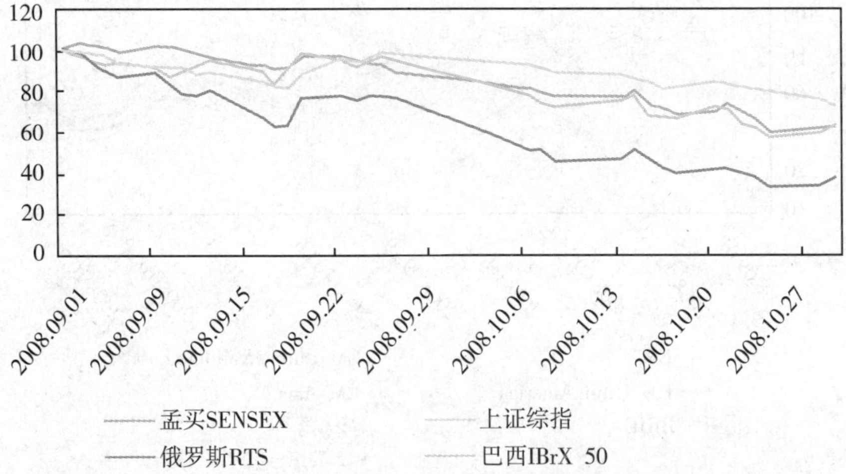

图5-14 "金砖四国"股票指数波动（2008年9月1日=100）

在2008年欧美经济危机的影响下，我国股票市场难以独善其身，也遭受了较大的冲击。2008年，上证综指由最高的6000多点一路狂降到不到2000点，股票市场的市值缩水2/3以上。2008年10月22日，中国股票市场指数持续下跌，沪指跌逾3%，失守1900点关口，香港恒生指数收跌5.15%，全日暴跌774点，创三年新低。事实上，伴随着资产价格下跌，我国实体经济也相继受到了经济危机的影响。

5.4.2 对策措施

为应对2008年经济危机，避免经济陷入全面的衰退，各国政府纷纷出台了多项刺激政策。这些刺激经济政策中既有扩张性的财政政策，也有刺激性的货币政策。而在全球性刺激宏观经济政策中，各国的刺激方案包括减税、增加公共投资等财政政策的内容。下面分析主要国家的财政刺激政策。

1. 发达经济体

首先看看美国。为了应对金融危机，美国政府主要通过大规模的财政赤字，增加财政预算和国债，大规模地投入经济发展的各个领域，力图在解决遗留问题的同时，尽快出台刺激美国经济恢复增长方案。

第一，美国政府为金融业提供财政资金作为贷款担保，甚至直接国家注资，防止金融危机进一步恶化。

2008年以来，美国财政部直接救助了一批濒临清盘的金融机构。比如，美国第四大投资银行雷曼兄弟公司(Lehman Brothers Holdings Inc.)的破产是美国历史上最大的金融破产案。美国五大投资银行中的贝尔斯登、雷曼兄弟和美林证券相继陷于严重财务危机，导致各方对美国金融业的担忧。由于美国银行以及英国巴克莱银行相继放弃收购谈判，雷曼兄弟公司破产引发的恐慌情绪殃及美林证券，美林证券的股价受到重压。截至 2008 年 9 月 12 日的一周里，美林证券的股价跌幅高达 36%，市值缩水 150 亿美元。

2008 年 9 月 15 日，美国雷曼兄弟控股公司正式发布公告，宣告破产。破产的仅是母公司，旗下的经纪业务和投资银行部门均不在破产之列。这一天，美国总统布什和财长保尔森罕见地接连面对新闻界，一再承诺民众存款无忧，保证美国经济仍有实力度过这道坎。不过，布什和保尔森的讲话并没有对美国股市产生任何积极影响，三大股指在收盘前放量下跌，市场信心几近崩溃。也就是在 2008 年 9 月 15 日这一天，道·琼斯工业平均指数狂泻 504.8，收于 10100 点下方，较上一交易日下跌 4.42%；标准普尔五百指数下挫 4.71% 收于 1192.7 点。两大指数都创下了近 7 年来单日的最大跌幅。

值得深思的是，美国政府对雷曼兄弟收购案持“袖手旁观”的态度。雷曼兄弟破产之前，英国第三大银行巴克莱银行和美国银行都曾表示有意接管雷曼，但是在美国政府拒绝为收购行动提供担保后，两家英国公司宣布放弃收购行动。

第二，大规模地直接减免税负，增加美国民众的还款能力和消费能力。2008 年初，时任总统小布什就实施了一个以减税为核心的一揽子经济刺激方案，总额达到 1680 亿美元。这一减税方案分别对个人和企业做出了税负补偿。美国联邦政府通过一个暂时的税率调整方案，使得购买机器设备、软件和有形资产时可以节省 50% 的投资。

第三，大规模地增加财政支出，不断推出新的经济刺激方案。2009 年 2 月，美国总统奥巴马正式签署了总额高达 7870 亿美元的经济刺激方案，涵盖了为个人和企业减税、卫生保健和替代能源投资、基础设施项目投资、各州和地方提供财政支援等方面内容。其中，有 5000 亿美元用于政府公共支出，2870 亿美元用于减税。这些公共投资和公共支出项目事实上具有短期和长期双重战略目的：一方面，尽可能地在短期内创造更多的就业岗位，防止经济进一步下滑；另一方面，为未来的增长奠定基础。2009 年底，美国政府又提出了总额高达 3.4 万亿美元的 2010 年联邦预算案。

此外，在微观经济主体上，美国财政部与美联储对投资银行等金融机构开始进行内部监控。一方面，美国财政部 2008 年春向投资银行派遣了一个 SWAT 工作小组；另一方面，2008 年美联储是通过新的紧急贷款安排充当了投资银行的贷款者，而不是监管者的主要角色（伯南克，2008）。

美国的财政刺激政策使得美国政府财政开支大增，财政赤字飙升，政府债务高企。美国政府债务在 2011 年 5 月份就临近当时的法定上限，财政部通过采取四项临时措施争取到了更多时间，将“大限”推迟到 8 月 2 日。直到大限来临前夕，美国两党才达成协议，通过国会立法提高债务上限。

其次来看欧元区经济体。由于受到《稳定与经济增长公约》（Stability and Growth Pact）的制约，欧元区经济体扩张性财政政策的实施较为迟缓。2008 年 10 月，欧盟委员会允许其成员国的财政赤字暂时超过 3%。欧洲房地产价格的下降进一步影响到住房投资的增长和建筑业的发展，从而拖累欧洲的投资增长。之后，综合性的财政刺激措施开始执行。比如，德国鼓励进行有利于气候的房屋改造，对公众基础设施建设提供附加资金。2008 年 10 月，针对汽车销售量年比下降 40% 的现象，西班牙政府宣布了对汽车工业的支持计划，并将进一步所要采取的措施焦点放在公众事务方面，如基本设施建设和城市更新建设等。欧债危机爆发后，欧元区政府普遍采取了严厉的财政紧缩政策。在经济严重衰退的背景下，财政紧缩措施与经济增速放缓甚至衰退双重叠加，使得欧元区经济举步维艰。

尽管英国现在是欧盟成员国[①]，但英国与欧盟的关系比其他国家更微

---

①在历史上，英国曾经反对欧盟的前身——欧共体。英国就算是加入了欧共体，也还是三心二意，难以合作。

妙，在欧盟中自我选择的孤立状态，拒绝加入欧元区。2008年，英国推出了一项30亿英镑的针对学校、公路、能源使用效率和社会住宅业的计划，2009年，英国政府向小孩和领取养老金的民众提供13亿英镑的资金支持。

最后来看日本。日本长期以来都主要依赖于扩张性的财政政策保持经济增长。从2008年8月到2009年4月，日本出台了四个经济刺激计划，包括向全国家庭发放补贴、通过政府担保帮助中小企业获得贷款、高速铁路建设工程、学校建筑防震、环境保护、儿童和老人护理等社会福利计划，等等。

2. 新兴市场国家的财政刺激政策

在新兴市场国家中，亚洲各国财政刺激的规模是最大的，且表现出十分明显的亚洲特征：在财政刺激过程中，更多地依赖增加刺激性财政支出，这些支出用于基础设施、安全网、就业、住房等方面的建设。

拉丁美洲新兴市场国家的财政刺激强调增加支出和减税相结合。例如，阿根廷、巴西、智利、秘鲁、墨西哥等新兴市场国家在基础设施、对中小企业和农业进行扶持、安全网建设、住房投资等方面扩大支出的同时，也采取了暂时或者长久地减免公司和企业所得税、间接税等措施。

与其他新兴市场国家相比，欧洲新兴市场国家的情况不容乐观。由于经济危机导致融资成本的上升，所以，这些国家财政刺激措施的资金来源受到限制。总体上，欧洲新兴市场国家采取了以调整财政结构、重建政策信心为主的措施。根据IMF的资料统计，2009年亚美尼亚、阿塞拜疆、格鲁吉亚、哈萨克斯坦等国家，采取了一定的相机抉择的刺激措施，但是，2010年各国中只有哈萨克斯坦、吉尔吉斯斯坦和土库曼斯坦，增加了额外的财政刺激。

表5-6 亚洲发展中国家的财政政策措施

国家	财政政策措施
中国	实施4万亿人民币的财政刺激方案，扩大基础设施建设，完善社会保障、养老、医疗等社会安全体系；实施地方政府债券发行，提供地方政府融资便利；对中小企业、出口企业等实行税费减免。
韩国	实施大规模的财政刺激，2009年财政支出达到284.8万亿韩元，用于扩大基础设施建设、刺激和恢复地方经济活力；实施总额3万亿韩元的减税措施以推动民间投资。
印度	增加财政支出以扩大基础设施建设、出口加工区建设、住房、就业以及农业投资；中央政府和地方政府采取补贴、降价等措施促进国内消费；实行税收减免。
泰国	增加财政支出用于对消费品进行补贴、扩大基础建设、帮助民间企业发展以及加大旅游业投入；实行减税并且调整税收结构。
马来西亚	实行扩张性财政政策，向经济注入70亿林吉特进行汽油补贴，实行20亿美元的经济刺激方案；实行税收减免，提高失业补偿费所得税的免征额度。
菲律宾	实行扩张性财政政策，放弃了在2010年实现财政预算平衡的目标。
印度尼西亚	加大基础设施建设，允许地方政府发行债券；2009年1月1日开始削减企业和个人所得税。
新加坡	实行23亿新加坡元的财政刺激计划，包括提高贷款违约时政府承担的比例，扩大企业融资计划的覆盖范围；实行就业计划。
越南	从外汇储备中支付10亿美元，主要用于增加产量、促进投资和推动消费性开支；通过发行政府债券等多种渠道筹集60亿美元刺激经济增长；缩减企业所得税并且延长纳税期限。

资料来源：东盟网；各国政府网站；国研网。

表5-7 美洲各国财政刺激措施的构成

措施		阿根廷	巴西	智利	墨西哥	秘鲁
支出	基础设施投资	T	T	T	S	T
	对中小企业和农民的支持	T	T	T	S	T
	安全网	T	–	T	–	T
	住房建设部门	T	T	T	S	–
	其他	–	–	T	–	–
收入	公司所得税	–	T	T	–	T
	个人所得税	P	–	T	–	–
	间接税	–	T	T	T	T
2009年财政刺激/GDP		1.5	0.6	2.9	1.5	2.0

注释：T表示暂时性措施（具有明确的时间期限）；S表示自我调节措施（成本由未来的收入补偿）；P表示永久性措施。

资料来源：IMF 区域经济概览：西半球，2009年5月。

5.4.3 政策效应评判

第一，从股票市场来看，新兴市场国家应对2008年经济危机的救助政策对于股票市场指数恢复的作用速度和程度要快于发达国家。

通常来说，政府救助政策的正向效应主要体现在恢复金融市场稳定、推动经济复苏等方面。从恢复金融市场稳定方面看，在巨额流动性的支持下，低迷资本市场股票发行与交易的逐渐活跃，推动了股票市场指数不断上升。与2008年相比，2009年发达国家股票市场指数上升了27%，新兴市场国家股票市场指数上升了74.5%。其中，拉丁美洲上升了98.1%，亚洲上升了70.3%，欧洲、中东和非洲上升了63.5%。相比之下，新兴市场国家股票市场指数恢复的速度和程度快于发达国家。并且，在新兴市场国家之间也存在差异，拉丁美洲反弹的程度最大，亚洲次之，其他新兴市场国家较低。

表5-8 MSCI股票市场指数

时间		2006	2007	2008	2009					
					Q1	Q2	Q3	Q4	12H	12L
发达国家		1483.6	1588.8	920.2	805.2	964.1	1127.0	1168.5	1178.0	688.6
新兴经济体	总体	912.7	1245.6	567.0	570.0	761.3	914.1	989.5	989.5	475.1
	拉美	2995.7	4400.4	2077.7	2171.4	2974.7	3689.3	4116.7	4210.5	1827.8
	亚洲	371.5	513.7	235.8	238.7	317.3	376.6	401.7	401.7	196.9
	其他	364.4	458.2	198.2	188.9	248.5	297.3	324.1	327.5	159.3

注释：其他包括欧洲、中东和非洲的新兴市场国家；12H表示2009年12个月最高值，12L表示2009年12个月最低值。

资料来源：IMF：《全球金融稳定报告》（2010年4月）。

第二，从政策效应来看，在宏观经济的政策作用下，全球房地产市场的价格有涨有跌，呈现出冰火两重天的状况。

一方面，一些国家房地产继续下跌的情况。比如，自2008年泡沫破灭后，2009年美国房地产市场的资产价格一路下行。美国全国房地产经纪人协会公布的最新数据显示，2009年第三季度，全美都市住房中间价同比下跌11.2%，每套为17.79万美元。同时，美国市场存在与房地产相关的证券类资产将继续贬值的预期，这使美国金融机构不良资产持续增加，并引发更为严重的信贷紧缩。这使美国房地产市场价格下跌步伐进一步加剧。

在日本，国土交通省2010年3月公布的“公示地价”显示，日本地价已经连续两年下降，截至 2010 年 1 月 1 日，日本商业用地价格不到 1991 年峰值的 1/3，是有调查数据以来的历史最低水平。全国住宅用地平均价格比 2009 年同比下跌 4.2%，相当于 1983 年的价格水平。

另一方面，一些国家的房价开始上涨的情况。其中，在法国，从 2009 年年初开始，受益于法国政府相继出台的鼓励政策，居民购房热情上涨。2009 年第二季度和第三季度，法国新房销售量同比增长分别为 29.6% 和 65.2%，二手房市场的成交量也呈现上升态势。

在德国，与经济下行造成工业用房不景气构成鲜明对比，经济下行给居民住房带来的影响比较小，德国房地产市场的复苏与政府出台经济刺激计划密不可分。

在印度，2008 年的欧美金融危机重创房地产市场。数据显示，2008 年 8 月到 2009 年 3 月，新德里及其附近地区每月房屋销售量从 1 万至 1.2 万套大幅缩水 60% 以上。但是从 2009 年 3 月份开始，印度大城市住宅价格回升 10% 到 30%。

5.4.4 本轮危机中我国资产价格变化的特殊性

首先来看股票市场，本轮刺激政策所起的作用不大。学界已有研究成果表明，中国财政刺激政策的宏观调控效应不太显著，短期内对股票市场资产价格回升所起到的作用很小。比如，李春红、董晓亮（2010）以 2008 年 11 月 9 日我国为应对全球金融危机而计划实施的财政政策，即国务院 4 万亿元财政支出计划的公布日为断点，利用 Chow Test 法和引入虚拟变量的方法，对财政政策的信息公布对沪市行业板块的短期冲击效应进行了实证研究，以检验股市随后对此公告刺激的反应情况。结果显示，八大行业板块对 11 月 9 日公布的财政支出计划均反应平平。这表明，尽管刺激性的财政支出如此巨大，但是实施财政政策的信息发布并没有对股市各行业板块造成显著的冲击影响。这些表明，在金融危机深化的背景下，我国强有力财政政策的信息公布对短期内股市影响的冲击也并不是太显著。

不但如此，甚至有些行业的股票估值，在短期内还出现了下降趋势。这从过去市场表现中可以找到数据资料。这些主要集中在强周期的行业。在2008年中期的时候，以有色金属、煤炭和航空等为代表的强周期行业估值非常高，人们普遍调低了这些公司的盈利预期。可以说，当时尚未出台财政刺激救助计划是其根本原因之一。而2009年上半年，这些强周期行业的估值又统统下降了，股价上升了，估值却下降了。究其根本原因，是人们认为财政政策提高了它们的盈利能力，这样的盈利能力是有财政政策信息的发布所产生的因素，继续变得更好的空间就没有那么大了。所以，周期性品种的投资人认为，这些类型的股票就是要高估值的时候买入，低估值的时候卖出。

具体就直接受益于财政政策的某些行业的单只股票来说，其股票资产价格也同样没有获得好的市场表现，估值水平也一致处于较低的水平。其中比较典型的要属中国中铁和中国铁建这两只受益于财政扩张的大盘蓝筹股。在2008~2009年两年时间里，这两个典型的财政受益股票在先是经历了一段时间的稳定，在四万亿元财政政策公布之后的股市反弹行情中，大幅跑输整个市场。应该注意的是，在四万亿元财政项目计划中，高速铁路建设是重头戏。但是，这并没有改变两大铁路建筑商的市场颓势。究其主要原因，这些财政刺激所带来的业绩改善只是短期的，并没有被认为是长期、持久、真正的业绩改善。在财政政策的预期兑现后，投资者事实上寻找的是受益于商业周期上行的行业和公司。

图5-15 中国中铁与中国铁建走势

中国股市在2009年和2010年的涨跌不同，并且与其他国家相比，中国股市表现出很大的差异。具体而言：2009年，中国股票市场的成交明显放大。累计成交金额34.5万亿元，日均成交金额1415.8亿元，较2008年分别增长92.2%和93.7%。2010年，股票市场价格指数总体呈下行趋势。2010年末上证指数收于2808.08点，与2009年末的3277.14点相比，下跌了469.06点，跌幅达14.3%。上证指数最高为3306.75点，最低为2319.74点，波幅为987.01点。股票市场成交量明显下降。以上证A股市场为例，全年累计成交金额30.3万亿元，日均成交金额1253亿元，较2009年分别减少12.2%和11.5%，而在2011年，中国股市与世界趋势更是不一致，重新回到十年前的水平。在股票市场的跌幅方面，中国股票市场可谓雄冠全球。按主流的解释，A股疲弱是因为欧债危机以及对经济下行压力的担忧。但为什么处在欧债危机风暴眼中以及经济状况远比中国糟糕的欧美股市反而比A股强劲？这一现象难以解释。与 2011 年收盘相比，标普 500 指数上涨 12.41%，英国金融时报指数上涨 3.62%，德国 DAX 指数上涨 18.97%，法国巴黎 CAC 指数上涨 9.56%。四大股指无一下跌，唯有上证指数跌了 4.18%。与 2008 年金融危机后的最低点相比，四大欧美股指的涨幅分别是 112%、67%、95%、40%，上证指数只涨了 26%，也还是垫底。因此，把 A 股积弱的原因归咎为欧债危机，是对客观事实的漠视，也与逻辑不符。[①]

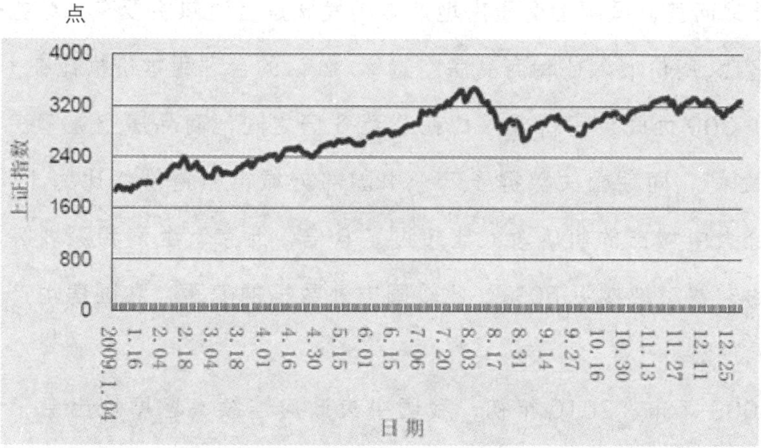

资料来源：上海证券交易所。

图5-16　2009 年上证指数走势图

其次，从房地产市场开看，我国房地产走出一轮加速上涨的行情。自 2008 年下半年开始，在全球性金融危机影响的波及下，加之房地产商对于我国市场前景的担忧，及消费者为规避风险而采取观望的态度，我国房地产价格出现了一个价值回归的过程。此外，国际市场钢铁和煤炭价格以及其他大宗商品价格的走低，无疑加速了我国房地产价格的下降速度。从国家统计局公布数据来看，2008 年 1 ~ 12 月全国商品房销售面

①金学伟：《四大周期叠加是A股疲弱的根本原因》，载《上海证券报》，2012-08-27。

积6.2亿平方米，同比下降19.7%；商品房销售额24071亿元，同比下降19.5%。国房景气指数12月份的数据为96.46，这是该指数连续12个月下降。

但从2009年起，我国房地产重拾升势，“涨声”一片。据中国国家统计局公布的统计数据，2009年全年房价涨幅24%，平均每平方米上涨813元，创造历史新高，达到了1998年房改以来的最大涨幅。

通常而言，国际上衡量房地产市场发展是否过热主要有三个指标：租售价格比、房价收入比和商品房空置率。公认的合理租售价格比在1：200至1：300之间，房价收入比在3至6倍之间，商品房空置率在5%至10%之间。同期相关数据显示，中国部分城市租售价格比为1：800，大部分大中城市的房价收入比超过了6倍，北京、上海和深圳等地许多楼盘的空置率都接近50%。比较国内外数据的差距，我国房地产市场发展明显过热。

2009年末、2010年初，我国中央政府连续高密度地出台了一系列调控政策。比如，“新国十条”的“考核问责机制”，“二套房、三套房信贷政策”等政策措施，被称为我国房地产市场的调控历史上涉及面最广、力度最大、影响最深远的一次调控。但令人深思的是，在中央调控房地产的重拳之下，2010年4月，全国70个大中城市房屋销售价格同比上涨12.8%。其中，新建住宅销售价同比上涨15.4%，商品住宅销售价格上涨17.3%。很明显，政府调控政策的效果与民众的预期之间差距较大。

与国际上一些主要经济体相比，我国房地产市场表现出了明显不同的特征。就各国财政政策的影响效应而言，受扩张性财政政策实施的影响，各国股票市场资产价格的下跌普遍出现了企稳态势，而在房地产领域却未能走出颓势。2012年5月29日，美国Case-Shiller公布的报告显示，美国3月房屋价格小幅走低，第一季度末房价水平创2006年中旬以来最低水平。美国第一季度房屋价格较此前一个季度下滑2.0%，较上年同期下滑 1.9%，较 2006 年第二季度的峰值已经下滑了约 35%。

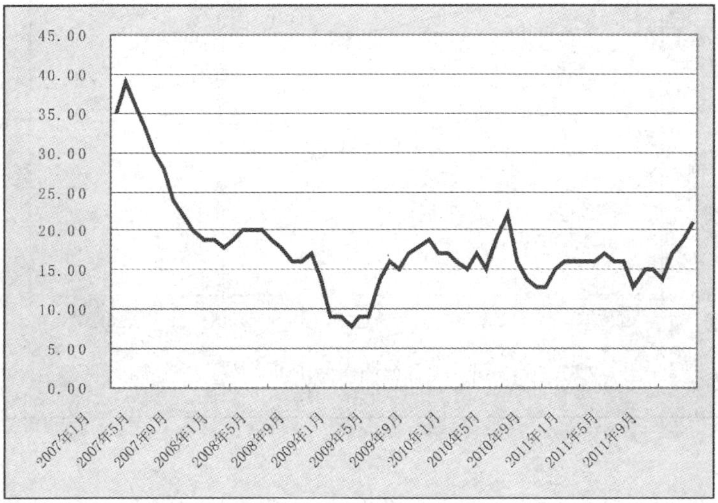

图5-17 美国全美住宅建筑商协会(NAHB)/富国银行住房市场指数

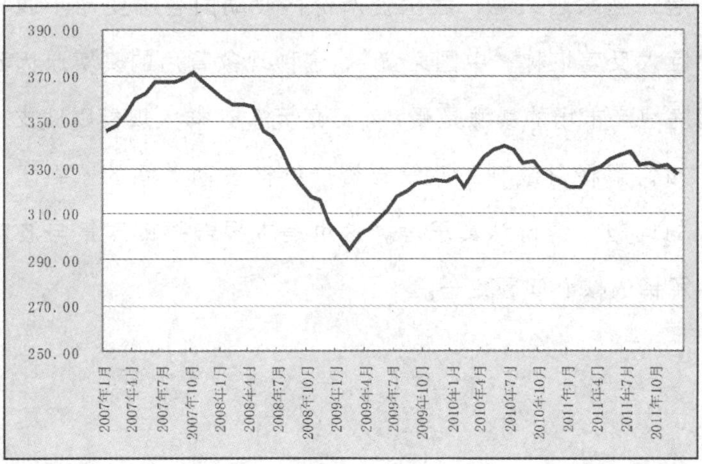

图5-18 英国:Nationwide:平均房价指数

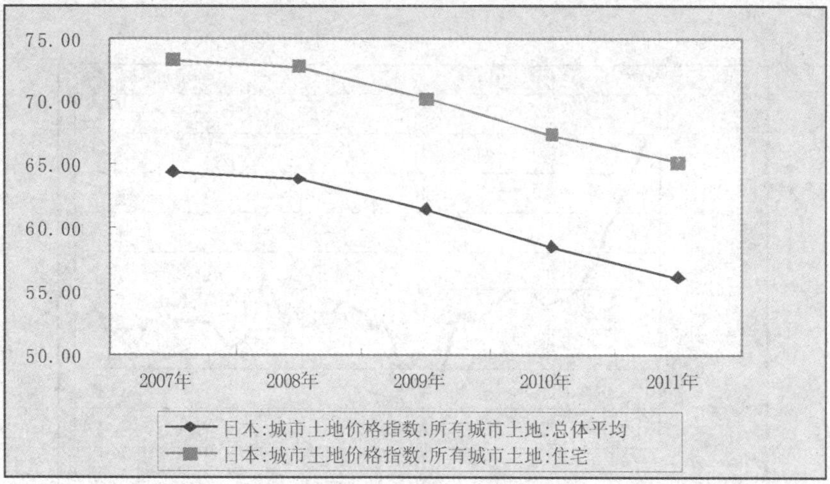

图5-19 日本土地价格与房屋价格变化情况

与国际成熟市场相比，为什么我国股票市场的价格上升并没有像其他国家表现得那么明显，而房地产资产价格的上升已经完全脱离了理性发展轨道，泡沫越来越大呢？我国资产价格波动同各国变动步调与变动方向之间的巨大反差堪称“中国之谜”。这种现象背后的真实原因到底是什么？我国房地产市场的暴涨是受“4万亿元”这样大规模财政支出刺激造成的吗？如何解释财政刺激政策与资产价格波动之间的“中国之谜”？诸如此类的问题，值得认真思考。这也是本报告财政政策与波动研究力图探究并解释的核心问题之一。

5.5 财政政策的非凯恩斯效应与财政紧缩

扩张性财政政策的长期实行，使得一些国家的财政赤字高企，财政基础脆弱，因此，寻求经济增长与整顿财政纪律之间的恰当平衡就成为一些经济体面临的艰难选择。

常规的基于凯恩斯主义的观点认为，紧缩带来经济衰退。因此，在经济危机时期，采取紧缩性政策是雪上加霜。但事实证明，紧缩也可以带来经济的扩张性，存在着财政政策的"非凯恩斯"效应。财政紧缩也有着成功的案例，如20世纪80年代的德国，通过减少公共开支，不仅使财政状况明显好转，而且促进了经济增长。

支持财政紧缩政策的观点认为，削减开支将会提高消费者和商业企业的信心，且该信心将对私人消费的刺激产生催化剂似的作用，势必也能抵消一部分因削减政府开支的沮丧情绪。

本轮全球金融危机爆发后，关于欧洲一些国家是否采取财政紧缩政策，引起了广泛的关注，两个阵营之间的分歧越来越大：一方面是以德国为首的阵营认为除了财政紧缩别无他法，另一方面则是批评者说这种策略正在将欧元区推向恶性循环。反对财政紧缩政策的人士认为，是私人部门的节俭造成了财政赤字，而不是反过来。同时，由于危机期间利率已经很低，货币政策难以再有什么效果，必须依靠财政政策的放松。Paul R. Krugman（2011）就认为，财政紧缩是一种经济教条主义，“已严重损害了欧洲和美国经济”。[①]

①Paul R. Krugman：《财政紧缩教条害了欧美》，载《投资者报》，2011-11-07。

5.6 本章小结

通过考察经济历史上几次比较大的金融危机及衰退期间财政政策的实施情况可以看出，不同形势下财政政策对资产价格波动的调控作用效果不一。

财政刺激的政策手段对于美国经济走出20世纪30年代大萧条产生了深远的影响，对于房地产和股票等资产价格的稳定回升也起到了积极的促进作用。

从财政政策对股市和房地产价格变动的分析结果来看，在20世纪80年代日本经济危机来临和问题解决时，财政政策的前后缺乏一致性是导致日本经济与股市产生泡沫的一个重要原因。此外，日本政府在相机抉择政策态度上的迟疑不决，以及措施的乏力，也构成了财政政策措施效果不明显的主要原因。政府出台的多轮政策都没有能够摆脱日本经济的衰退局面。自此，日本经济进入长达十多年的萧条期，经济增长始终徘徊在衰退与复苏的停滞状态之中，史称“失去的十年”。

在亚洲金融危机时期，IMF等国际组织向亚洲危机国提供了贷款援助。总体上看，东南亚各危机国要么接受了IMF的贷款条件，要么结合本国的实际情况，大都基本采取了财政紧缩的政策。从求助政策的实施效果来看，其结果适得其反，各国政府财政政策转向，由紧缩性财政政策转为实施扩张性的财政政策。

为应对2008年经济危机，避免经济陷入全面的衰退，各国政府纷纷出台了多项刺激政策。从股票市场来看，新兴市场国家应对2008年经济危机的救助政策对于股票市场指数恢复的作用速度和程度要快于发达国家。从政策效应来看，在宏观经济的政策作用下，全球房地产市场的价格有涨有跌，呈现出冰火两重天的状况。

扩张性财政政策的长期实行，使得一些国家的财政赤字高企，财政基础脆弱，因此，寻求经济增长与整顿财政纪律之间的恰当平衡就成为一些经济体面临的艰难选择。

6 我国扩张性财政政策对资产价格影响的实证检验

金融危机期间针对资产价格波动如何进行宏观经济政策的相机抉择，是各国政府慎重对待的一个重要议题，我国也不例外。

6.1 危机期间中国财政政策历史回顾

改革开放之前的三十年里，我国实行高度集中的计划经济体制。之后，社会主义建设由计划经济体制向市场经济体制转轨。在中国经济发展的不同历史阶段，财政政策相应表现出不尽相同的特征。

计划经济体制中，财政工作的一个基本指导思想就是坚持收支平衡、略有结余、不打赤字。自新中国成立以来，我国出现过19年财政平衡，略有节余。虽然也常常会有显性的或隐性的赤字发生，但是大家认为这是经济运行中的暂时现象，并不认为是我国政府主观因素造成的结果。

我国1997年以前实行的财政政策，在宏观调控方面主要是保守的财政平衡模式。1997年，我国首次明确采用扩张性财政政策。之后，财政政策一改过去多年隐性运行的惯例，以积极的、显性的政策形态出现在人们面前。这意味着中国政府长期秉持的财政平衡原则出现了重大变化，这也是财政管理在公共财政模式建设上的积极反应。应该承认，在此之前我国的扩张性财政政策已经经历了一个逐渐积累发展的过程。

1997年亚洲经济危机时期，我国的宏观经济比较低迷，我国实施了类似凯恩斯主义的政策，通过增加预算、发行国债来刺激经济。但是2003年我国经济进行了紧缩，一直到2008年底。由于美国次贷危机冲击的影响，我国又实施了财政赤字、信贷放松的扩张性政策，以刺激经济增长，2009年中国经济增长了8.7%。正是在如此大的财政政策力度下，我国经济才在全球经济一片低迷的大环境中取得这么高的增长率。

值得注意的是，我国从1986～2008年已连续23年出现了财政赤字。就是说，财政赤字已经伴随改革开放成为一种实践常态。当然，这种变化并不是偶然的，它反映了我国政府在财政管理方面对一系列复杂情况积极主动发挥财政政策对市场经济稳定作用的新思维。

1. 1998年～2002年的扩张性财政政策

1997年始于泰国的亚洲金融风暴迅速蔓延至亚洲大多数国家。受此影响，我国对外贸易也倍受冲击。与此同时，我国国内经济结构和发展的一些不合理因素也放大了亚洲金融危机对我国的影响，这些因素包括产业结构不合理、城乡结构不合理、区域经济发展不协调、低水平产品过剩与高新技术产品不足并存等。面对国内外严峻的经济形势，在坚持人民币汇率稳定和货币政策效应递减的情况下，为有效应对冲击，财政政策成为宏观调控的最重要工具。

总体上讲，20世纪90年代中期我国国民经济的发展情况属于短缺经济，供不应求是这一时期宏观经济的基本特征。因此，我国宏观经济调控的基本任务是压缩社会总需求，增加社会总供给，防止国民经济中出现通货膨胀。但是，随着社会主义市场经济体制建设的不断完善与发展，我国宏观经济调控在成功实现"软着陆"之后，又悄然出现了与短缺经济相对的另一种经济状况——有效需求面临不足。

从1998年开始，为了扩大需求，我国实施了一系列的积极财政政策。

一是通过增发国债的方式加强基础设施投资。1998年上半年，政府向国有独资商业银行发行特别国债，数额达2700亿元；7月，向国有商业银行发行1000亿元国债。之后，我国政府陆续发行国债，截至2004年，我国一共发行了9100亿元的长期建设国债，分别用在城市基础设施建设、城乡电网改造、交通通信建设、农林水利建设、国家直属储备粮库建设等诸多方面。另外，这些国债项目也拉动了逾两万亿元的银行贷款等方面的配套资金。

二是为了支持出口产业、吸引外资以及减轻企业负担，国家适时调整税收政策。这表现在：加大税收“免、抵、退”管理办法的执行力度，分批提高一些产业的出口退税率，这些产业涉及纺织机械、纺织原料及制品、水泥、煤炭、钢材、船舶和部分机电、轻工产品等。另外，政府还对一般贸易出口收汇实施了贴息，中央外贸发展基金有偿使用项目专项资金也得以启用。

在进口方面，对国家鼓励发展的国内投资项目和外商投资项目，在规定范围内免征关税和进口环节增值税，并降低进口设备关税税率。

此外，自1999年始，我国对固定资产投资方向调节税进行减半征收，2000年暂停征收；对符合国家产业政策的技术改造项目并购置国产设备的投资，按照40%的比例对企业所得税进行抵免；对房地产领域的契税、营业税、土地增值税等也进行了减免。

三是增加科教文卫、社会保障等国民经济重点领域的财政支出。这包括：从1998年起，持续5年，每年教育经费在中央财政支出中的比例要同比增长1%。1998年，在社保方面，中央财政安排144亿元借款和补助资金，用于国企下岗职工再就业和基本生活保障；中央财政增加转移支付20亿元，用于扩大养老保险覆盖面以及加快省级统筹养老保险制度改革。

四是提高城市居民个人消费能力，充分发挥调节收入分配的作用。1999年至2002年，我国曾连续三次提高机关事业单位职工的工资标准，并且实施了年终一次性奖金制度，这样的举措使机关事业单位职工的月人均基本工资水平增长了一倍。此外，中央财政在中西部地区行政事业单位人员建立“三条保障线”与工资方面，加大了财政资金补助力度，并大幅增加了在“两个确保”与城市“低保”方面的投入力度，从而使居民消费能力有力增强。

五是推进国有企业改革，支持经济结构调整。2002 年，中央财政安置职工 38 万人，拨付关闭破产补助资金 129.58 亿元；国家支持石化、石油、有色金属、冶金、汽车等行业的改革重组，支持民航企业联合重组以及电信、电力行业的体制改革。另外，中央财政还启动了对外承包工程保函风险专项资金，支持国有企业特别是中央企业积极“走出去”。此外，为了解决经济发展中所遇到的结构矛盾等问题，国家将部分国债作为财政的贴息资金，推动重点行业和企业进行技术改造。

六是为了减轻社会与企业负担，加大治理乱收费力度。自 1997 年起，我国降低了近 500 项收费标准，并取消近 2000 项不合理、不合法的收费项目，自 1998 年起，还陆续减轻企业与社会负担约 370 多亿元。

七是对于部分有发展前景，但短期陷入债务困境的大中型重点企业，实行“债转股”。这具体表现在借助金融资产管理公司，将银行对企业的债权转化为股权，这有助于降低企业资产负债率，增强企业活力。

总体上看，这段时间我国所实施的财政政策成功抵御了亚洲金融危机的冲击，在带动出口、扩大投资、刺激消费、调整经济结构方面取得了卓然成就。另外，积极的财政政策也带动了社会需求的回升，从而有效遏制了通缩的趋势。

2. 2007 年后的扩张性财政政策

2007 年后我国实施财政政策首先是增加政府支出，扩大政府公共投资计划。以应对 2008 年国际金融危机下的经济疲软形势为例。2008 年 11 月 5 日，国务院常务会议确定了进一步扩大内需、促进经济增长的十项措施[①]。11 月 9 日，我国提出规模达 4 万亿元的经济刺激政策。4 万亿元的主要内容包括：第一，加快建设保障性安居工程 4000 亿元，加大对廉租住房建设支持力度，加快棚户区改造，实施游牧民定居工程，扩大农村危房改造试点；第二，加快农村基础设施建设 3700 亿元，包括农村水电路气房等民生工程和基础设施建设；第三，加快铁路、公路和机场等重大基础设施建设，以及城市电网改造 15000 亿元；第四，加快医疗卫生、文化教育事业发展 1500 亿元，加强基层医疗卫生服务体系建设；第五，加快节能减排和生态环境建设 2100 亿元；第六，加快自主创新和产业结构调整 3700 亿元；第七，加快地震灾区灾后重建各项工作 10000 亿元；第八，提高城乡居民收入，提高粮食最低收购价格，提高农资综合直补、良种补贴、农机具补贴等标准，增加农民收入，提高低收入群体等社保对象待遇水平，增加城市和农村低保补助，继续提高企业退休人员基本养老金水平和优抚对象生活补助标准；第九，在全国所有地区、所有行业全面实施增值税转型改革，鼓励企业技术改造，减轻企业负担 1200 亿元；第十，加大金融对经济增长的支持力度，取消对商业银行的信贷规模限制，合理扩大信贷规模，加大对重点工程、“三农”、中小企业和技术改造、兼并重组的信贷支持，有针对性地培育和巩固消费信贷增长点，计划到 2010 年底共投资 4 万亿元。为加快进度，2009 年第四季度投入 1000 亿元，2010 年灾后重建基金提前安排 200 亿元。

其次是加大财政补贴和转移支付力度。第一，加大了就业与社会保障转移支付的政策力度。自 2009 年起，中央财政投入 420 亿元资金，用于就业培训、就业补助等费用，解决了 900 万人以上的城镇新增就业问题。此外，安排 2930 亿元的社会保障资金，用于城乡低保补助、基本养老保险补助、优抚安置补助以及临时生活救济补助等方面。同时，

①晓扬：“4万亿开启拉动内需大幕”，载《浙江经济》，2008（22）。

2009年和2010年继续上调企业退休人员基本养老金，年均增长能够保持在10%左右。第二，促进农业增收，拉动农村消费。从这两方面来看：一方面2009年国家安排7161.4亿元的财政支出用于支持“三农”发展，加大了对“三农”的支持力度。此外，国家也通过补贴、提高价格等方式切实减轻了农民负担，有利于提高农民收入和农民消费能力。另一方面，通过实行家电下乡和家电以旧换新以及汽车以旧换新政策，使农民在消费这些商品时得到实惠，同时还拉动了内需，促进了消费。

6.2 针对股市和房地产市场的财政政策

1997 年以来，我国股票市场经历了暴涨暴跌的运行过程。其中：上证指数年初低点是 512 点，年尾最高点是 1258 点，升幅达 145%。1996 年 12 月 16 日至 20 日，上证综合指数从 1100 点跌至 20 日收盘的 880 多点。深圳成分指数由 1996 年年初的 924 点，升至 12 月 9 日最高点 4522 点，升 3598 点，升幅达 389%。

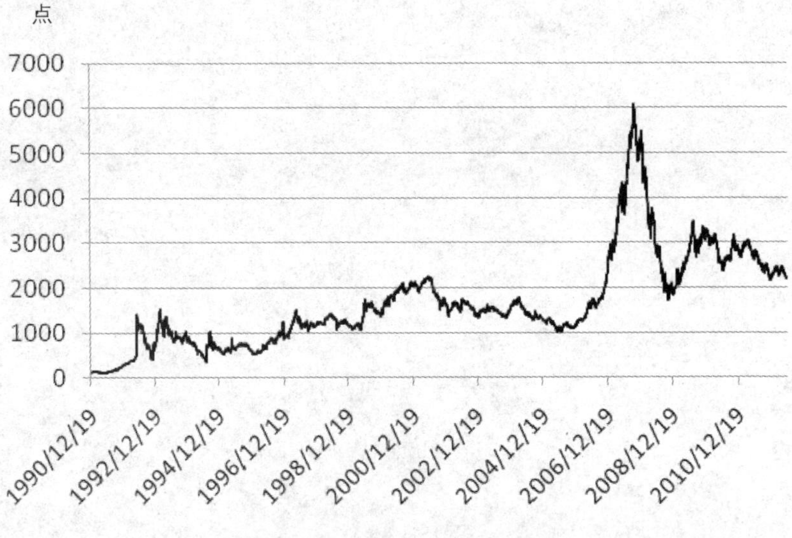

图6-1 上证综合指数走势图

自 1998 年实施住房制度改革以来，我国房地产市场出现了前所未有的繁荣景象。特别是进入 21 世纪后，房地产行业迅猛发展，已经成为我国国民经济发展的一个重要支柱产业，对拉动国民经济增长起着越来越重要的作用。

1999 年，国家出台的由停止实物分房改变为货币分房的政策，彻底改变了普通居民的住房消费习惯。新一轮房地产热潮很快开始波及普通老百姓的生活。2002 年、2003 年，我国房屋的销售价格经历了初期的快速上升阶段。在 2004 年下半年至 2005 年上半年，房屋销售价格的增幅达到顶峰。之后，房屋的销售价格增速虽然有所回落，但仍然保持在 5%以上。2005 年，我国政府三番五次出台相关政策提醒房地产“过热”、“过高”的发展势头。与此相应的是，金融部门不但开始限制房地产的开发贷款，而且开始限制个人的购房贷款。而且，政府税务部门开始检查房地产开发公司的税务情况。但是，2007 年以北京、深圳等为代表的一些大城市却呈现了房地产市场资产价格绝对水平与价格增速“双高”的趋势。

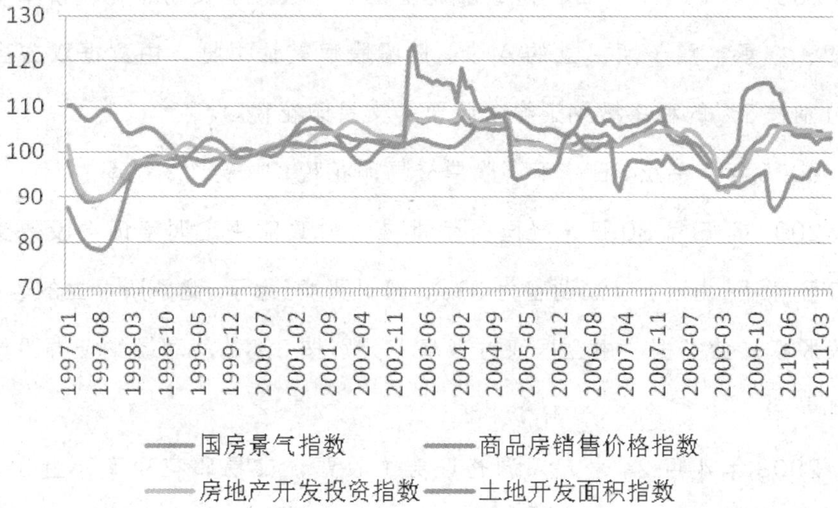

图6－2　中国房地产发展指数

1. 针对股市的税收政策

中国最早于 1990 年 7 月在深圳证券交易所开征股票交易印花税，其税率规定为对买卖双方各征 6‰。之后，因股票市场的变化又调整为 3‰。上海证券交易所 1991 年开征了股票交易印花税，税率定为 3‰。

1991 年 10 月，鉴于中国股票市场的持续低迷，深圳市将印花税税率下调为 3‰。在随后几年的股市中，股票交易印花税成为政府最重要的市场调控工具之一。

1997 年，为抑制股票市场的投机，适当调节市场供求，国务院做出上调股票交易印花税的决定。为平抑过热的股市，自 5 月 10 日起，股票交易印花税税率由 3‰上调为 5‰。

1998 年 6 月 12 日，为活跃股票市场交易，又将印花税率由 5‰下调为 4‰。

1999 年 6 月 1 日，为拯救低迷的 B 股市场，国家又将 B 股印花税税率由 4‰下降为 3‰。

2001 年 11 月 16 日，财政部调整证券（股票）交易印花税税率。对买卖、继承、赠予所书立的 A 股、B 股股权转让书据，由立据双方当事人分别按 2‰的税率缴纳证券（股票）交易印花税。

2005 年 1 月 24 日，下调股票交易印花税，执行 1‰税率。

2007 年 5 月 30 日，经国务院批准，财政部决定调整证券股票交易印花税税率，由现行 1‰调整为 3‰。即对买卖、继承、赠予所书立的 A 股、B 股股权转让书据，由立据双方当事人分别按 3‰的税率缴纳证券股票交易印花税。

2008 年 4 月 24 号起，调整证券（股票）交易印花税率，由 3‰调整为 1‰。2008 年 9 月 19 日起，由双边征收改为单边征收，税率保持 1‰。由出让方按 1‰的税率缴纳股票交易印花税，授让方不再另外征收。

2. 针对房地产市场的税收政策

我们以房地产税为例来看房地产市场相关财政政策的影响。理论上，房产税自身并不是一项短期的调控政策。从我国出台的房产税来看，我国房产税制改革严重滞后于房地产市场的快速发展。

我国自1986年起逐步恢复对内资企业和中国公民的房产征税。随着我国社会主义建设向市场经济转型，房地产市场取得了快速的发展。总体上讲，房产税改革在很多方面表现出滞后的特征。其一，针对房产租金，既要征收房产税，又要征收营业税和印花税，导致房产的税基重叠、税负过重。其二，房产税按照租金征收的部分适用税率为12%，这是与房地产公有制为主体、几乎没有房地产市场时期相适应的税率设计，但同我国房产租赁市场快速发展和繁荣极不适应。其三，经营用房地产征税、自有居住用的房地产不征税，城镇企业的房地产征税、农村企业的房地产不征税，对高档以及豪华的房地产也没有必要的调节性征税机制的基本格局。这一方面导致税负不公，另一方面也使得房产税收大量流失。可以说，我国房产税制在房地产转让、租赁环节税负较重，不利于促进房地产交易的扩大；在房地产持有、使用环节税负偏轻，不利于促进房地产资源的合理调控与配置。

在我国，土地出让收入是市县人民政府依据《土地管理法》、《城市房地产管理法》等有关法律法规和国家有关政策规定，以土地所有者身份出让国有土地使用权所取得的收入，主要是以招标、拍卖、挂牌和协议方式出让土地取得的收入，也包括向改变土地使用条件的土地使用者依法收取的收入、划拨土地时依法收取的拆迁安置等成本性的收入、依法出租土地的租金收入等。

2007年之前，土地出让收入先纳入预算外专户管理，再将扣除征地补偿和拆迁费用以及土地开发支出等成本性支出后的余额缴入地方国库，纳入地方政府性基金预算管理。2007年开始，国家对土地出让收入管理制度进行了改革，国有土地使用权出让收入计入地方政府性基金收入中，但并不计入政府预算报告公布的地方财政收入中。国有土地使用权出让收入计入地方政府性基金收入中，是基金收入的主要来源。国有土地使用权出让收入包括：新增建设用地土地有偿使用费收入、国有土地使用权出让金收入、国有土地收益基金收入、农业土地开发基金收入四部分，2010年这四部分占地方政府性基金收入的比重分别为2%、82.1%、3%和0.6%。

而从直观上分析，从图6-3 1999第一季度至2010年第四季度全国土地交易价格指数与房地产交易价格指数情况图可看出，两者的变动趋势基本一致。

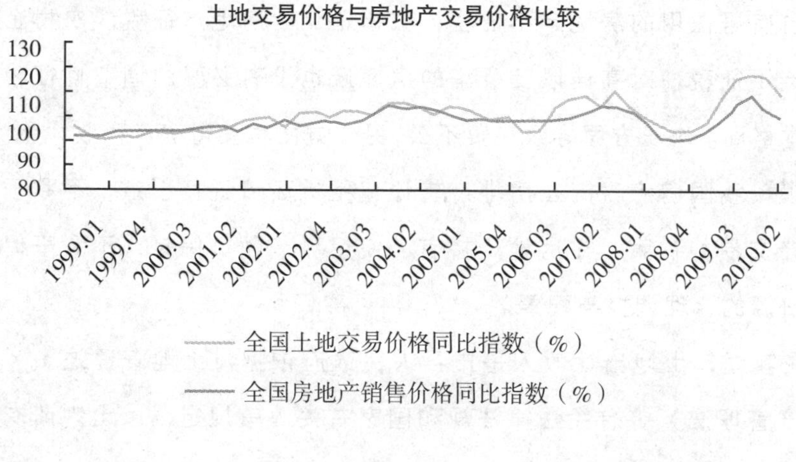

图6-3 土地交易价格与房地产交易价变动图

2010年以来，中国政府出台了一系列房地产市场调控的措施，将政策由此前的支持转向抑制投机，遏制房价过快上涨，其中包括土地、金融、税收等多种调控手段。与此同时，我国提出"推行房产税试点"的政策重点是对自有居住用的房地产征税，标志着我国房产税制改革进入了一个新时期和新阶段，具有重大意义。房地产税的政策调整包括：2010年

4月2日，财政部下发通知，对两个或两个以上个人共同购买90平方米及以下普通住房，其中一人或多人已有购房记录的，该套房产的共同购买人均不适用首次购买普通住房的契税优惠政策。2011年1月28日，上海、重庆两地正式开始实施房产税，深圳宣布成为第三个房产税的试点城市。2011年1月27日，财政部公布了《关于调整个人住房转让营业税政策的通知》，规定个人将购买不足5年的住房对外销售的，将全部征收营业税。

6.3 我国财政政策对资产价格影响的实证检验

资产价格应该作为财政政策关注的对象，至于两者关联程度如何，还需要在实证分析部分进行检验。在上一章的探讨中，我们提出了“中国之谜”，本章我们以通过 SVAR 方法来实证检验是否存在这一特殊现象并试图探究其中的原因。

6.3.1 SVAR 理论概述

自 Sims（1980）提出向量自回归模型（VAR）以来，其已被广泛地应用到货币政策效应的测度研究中。但是，VAR 模型缺乏经济理论基础，因为 VAR 模型的新息可能存在较强的相关性，所以 VAR 模型的新息不具有直接的经济解释，导致脉冲响应函数的经济含义模糊不清（Enders, 2004）。且它只考虑了各个变量与它们的滞后期值的相互关系，而在现实经济中，很多宏观经济变量不仅与本身及其他变量的滞后期值有关，还与其他变量的同期值有关。如果只对预测感兴趣，VAR 模型的预测误差（新息）的构成是不重要的，但是如果需要区分不同冲击的影响，就需要从经济理论出发，对 VAR 模型的新息进行结构性分解，获得结构性新息（结构冲击）。在此方面，该模型确实存在弊端。

为了克服 VAR 模型的弊端，在其基础上，Blanchard 和 Quah（1989）提出了一种施加基于经济理论的长期约束的结构化方法，即结构式向量自回归（SVAR：Structural Vector Auto-regression）。SVAR 模型是对 VAR 模型进行结构化的一种方法，能够依据现有的经济理论，考虑变量间的同期关系，从而相比较于无约束的 VAR 模型能更精确地去解释变量间的动态关系。

SVAR 模型与无约束 VAR 模型的最大区别在于，VAR 模型在处理随机冲击项的同期相关问题时，因不考虑经济理论约束，可以由实证研究者的主观判断决定变量的排序（Ordering），不同的排序会导致不同的结果，因此无约束 VAR 模型无法得到唯一的方差分解及脉冲反应函数。而 SVAR 模型在处理随机冲击同期相关时，必须依据经济理论对时间序列的关系予以限制，因此可以得到唯一方差分解及脉冲反应函数。

如果能利用经济理论建立变量之间的动态联立方程组模型，只要模型的协方差稳定且为正态分布的对角矩阵，就可以在 VAR 模型的基础上建立 SVAR 模型。与 VAR 模型方法一样，为了解释识别出来的 SVAR 模型，需要借助脉冲响应函数和方差分解。只不过此时在 SVAR 模型下考虑的是来自某个变量的结构性冲击对自身和其他所有变量的反应程度，相较于 VAR 模型可以更好描述变量面对最原始的冲击的反应。

King 和 Watson（1997）研究了 SVAR 模型的识别结构，指出可利用设定事先约束条件的结构 VAR 模型对外生性冲击进行识别。而 Eviews 等计量经济学软件的完善，使得这种方法更简单易行。

为了说明 SVAR 模型，首先来研究两变量的 VAR 模型结构式和简化式之间的转化关系。一个含有两个变量（$k=2$）、滞后一阶（$p=1$）的 *VAR* 模型结构式可以表示为下式：

$$x_t = b_{10} + b_{12}z_t + r_{11}x_{t-1} + r_{12}z_{t-1} + u_{xt}$$

$$z_t = b_{20} + b_{21}x_t + r_{21}x_{t-1} + r_{22}z_{t-1} + u_{zt} \tag{6-1}$$

在上述模型中假设：

（1）变量过程 x_t 和 z_t 均是平稳随机过程；

（2）随机误差 u_{xt} 和 u_{zt} 是白噪声序列，不失一般性，假设方差 $\sigma_x^2 = \sigma_z^2 = 1$；

（3）随机误差 u_{xt} 和 u_{zt} 之间不相关，$\mathrm{cov}(u_{xt}, u_{zt}) = 0$ 。

式（6-1）一般称为一阶结构向量自回归模型（SVAR（1））。它是一种结构式经济模型，引入了变量之间的作用和反馈作用，其中系数 b_{12} 表示变量 z_t 的单位变化对变量 x_t 的即时作用，r_{21} 表示 x_{t-1} 的单位变化对 z_t 的滞后影响。虽然 u_{xt} 和 u_{zt} 是单纯出现中 x_t 和 z_t 的随机冲击，但如果 $b_{21} \neq 0$，则作用在 x_t 上的随机冲击通过 u_{xt} 对 x_t 的影响，能够即时传到变量 z_t 上，这是一种间接的即时影响；同样，如果 $b_{12} \neq 0$，则作用在 z_t 上的随机冲击 u_{zt} 也可以对 x_t 产生间接的即时影响。冲击的交互影响体现了变量作用的双向和反馈关系。

为了导出 VAR 模型的简化式方程，将上述模型表示为矩阵形式：

$$\begin{bmatrix} 1 & -b_{12} \\ -b_{21} & 1 \end{bmatrix}\begin{bmatrix} x_t \\ z_t \end{bmatrix} = \begin{bmatrix} b_{10} \\ b_{20} \end{bmatrix} + \begin{bmatrix} r_{11} & r_{12} \\ r_{21} & r_{22} \end{bmatrix}\begin{bmatrix} x_{t-1} \\ z_{t-1} \end{bmatrix} + \begin{bmatrix} u_{xt} \\ u_{zt} \end{bmatrix} \tag{6-2}$$

该模型可以简单地表示为：

$$B_0 y_t = \Gamma_0 + \Gamma_1 y_{t-1} + u_t \tag{6-3}$$

其中：

$$y_t = \begin{bmatrix} x_t \\ z_t \end{bmatrix},\quad u_t = \begin{bmatrix} u_{xt} \\ u_{zt} \end{bmatrix},\quad B_0 = \begin{bmatrix} 1 & -b_{12} \\ -b_{21} & 1 \end{bmatrix},\quad \Gamma_0 = \begin{bmatrix} b_{10} \\ b_{20} \end{bmatrix},\quad \Gamma_1 = \begin{bmatrix} r_{11} & r_{12} \\ r_{21} & r_{22} \end{bmatrix}$$

假设B_0可逆，可导出简化式方程为：

$$y_t = B_0^{-1}\Gamma_0 + B_0^{-1}\Gamma_1 y_{t-1} + B_0^{-1}u_t = A_0 + A_1 y_{t-1} + \varepsilon_t \quad (6-4)$$

其中：

$$A_0 = B_0^{-1}\Gamma_0 = \begin{bmatrix} a_{10} \\ a_{20} \end{bmatrix}, \quad A_1 = B_0^{-1}\Gamma_1 = \begin{bmatrix} a_{11} & a_{12} \\ a_{21} & a_{22} \end{bmatrix}, \quad \varepsilon_t = B_0^{-1}u_0 = \begin{bmatrix} \varepsilon_{1t} \\ \varepsilon_{2t} \end{bmatrix}$$

从而可以看到，简化式扰动项ε_t是结构式扰动项u_t的线性组合，因此代表一种复合冲击。因为u_{xt}和u_{zt}是不相关的白噪声序列，则可以断定上述ε_{1t}和ε_{2t}也是白噪声序列，并且均值和方差为：

$$E(\varepsilon_{1t}) = 0, \quad E(\varepsilon_{1t}, \varepsilon_{1s}) = 0, \quad s \neq t,$$

$$\mathrm{var}(\varepsilon_{1t}) = \frac{\sigma_x^2 + b_{12}^2\sigma_x^2}{(1 - b_{12}b_{21})^2} = \frac{1 + b_{12}^2}{(1 - b_{12}b_{21})^2}$$

$$E(\varepsilon_{2t}) = 0, \quad E(\varepsilon_{2t}, \varepsilon_{2s}) = 0, \quad s \neq t, \quad \mathrm{var}(\varepsilon_{2t}) = \frac{\sigma_z^2 + b_{21}^2\sigma_z^2}{(1 - b_{12}b_{21})^2} = \frac{1 + b_{21}^2}{(1 - b_{12}b_{21})^2}$$

同期的ε_{1t}和ε_{2t}之间的协方差为：

$$\mathrm{cov}(\varepsilon_{1t},\varepsilon_{2t}) = E(\varepsilon_{1t},\varepsilon_{2t}) = \frac{b_{21}\sigma_x^2 + b_{12}\sigma_z^2}{(1-b_{12}b_{21})^2} = \frac{b_{21}+b_{12}}{(1-b_{12}b_{21})^2} \quad (6-5)$$

从式（6-5）可以看出当$b_{12} \neq 0$或$b_{21} \neq 0$时，VAR模型简化式中的扰动项不再像结构式中那样不相关。当$b_{12} = b_{21} = 0$时，即变量之间没有即时影响，上述协方差为0，相当于对B_0矩阵施加约束。

为了分析方便，定义冲击向量ε_t的协方差矩阵为：

$$\Sigma = \begin{bmatrix} \mathrm{var}(\varepsilon_{1t}) & \mathrm{cov}(\varepsilon_{1t}, \varepsilon_{2t}) \\ \mathrm{cov}(\varepsilon_{1t}, \varepsilon_{2t}) & \mathrm{var}(\varepsilon_{2t}) \end{bmatrix} = \begin{bmatrix} \sigma_1^2 & \sigma_{12} \\ \sigma_{21} & \sigma_2^2 \end{bmatrix} \quad (6-6)$$

推广上述两变量模型，k 个变量 p 阶结构向量自回归模型 SVAR（p）可表示为：

$$B_0 y_t = \Gamma_1 y_{t-1} + \Gamma_2 y_{t-2} + \ldots + \Gamma_p y_{t-p} + u_t \quad (6\text{-}7)$$

将式（6–7）定成滞后算子形式：

$$B(L)y_t = u_t,\ E(u_t u_t^{'}) = I_k \quad (6\text{-}8)$$

$B(L)$ 是滞后算子 L 的 $k \times k$ 的参数矩阵，$B_0 \neq I_k$。如果 B_0 是一个下三角矩阵，则 SVAR 模型称为递归的 SVAR 模型。

不失一般性，在式（6–7）中假定结构式误差项（结构冲击）u_t 的方差—协方差矩阵标准化为单位矩阵 I_k。同样，如果矩阵多项式 $B(L)$ 可逆，可以表示出 SVAR 的无穷阶的 VMA（∞）形式：

$$y_t = D(L)u_t \quad (6\text{-}9)$$

其中：

$$D(L) = B(L)^{-1},\ D(L) = D_0 + D_1 L + D_2 L^2 + \ldots,\ D_0 = B_0^{-1}$$

式（6–9）通常称为经济模型的最终表达式，因为其中所有内生变量都表示为 u_t 的分布滞后形式，而且结构冲击 u_t 是不可直接观测得到的，需要通过 y_t 各元素的响应才可观测到。由式（6–8）可以得到：

$$C(L)\varepsilon_t = D(L)u_t \quad (6\text{-}10)$$

其中：$C(L) = A(L)^{-1}$

上式对于任意的 t 都是成立的，称为典型的 SVAR 模型。由于 $C_0 = I_k$，可得：

$$D(L)u_t = \varepsilon_t \quad (6\text{-}11)$$

式（6–11）两端平方取期望，可得：

$$D_0 D_0^{'} = \Sigma \quad (6\text{-}12)$$

因此，以我们可以通过对 D_0 施加约束来识别 *SVAR* 模型。下面我们就来阐述如何通过对 D_0 施加约束来识别 *SVAR* 模型。

6.3.2 SVAR 模型的识别条件和约束形式

在经济模型的结构式和简化式之间进行转化时，经常会遇到模型的识别性问题，即能否从简化式参数估计得到相应的结构式参数。对于 k 元 p 阶简化 *VAR* 模型，利用极大似然法需要估计的参数个数为：

$$k^2 p + (k + k^2) / 2 \tag{6-13}$$

而对相应的 k 元 p 阶的 SVAR 模型来说，需要估计的参数个数为：

$$k^2 p + k^2 \tag{6-14}$$

要得到结构式模型唯一的估计参数，要求识别的阶条件和秩条件，即简化式的未知参数不比结构式的未知参数多。因此如果不对结构式参数加以限制，将出现模型不可识别的问题。对于 k 元 p 阶的 *SVAR* 模型，需要对结构式施加的限制条件个数为式（6–13）和式（6–14）之间的差，即施加 $k(k - 1) / 2$ 个限制条件才能估计出结构式模型的参数。这些约束条件可以是短期的，也可以是长期的。在有关模型的文献中，这些约束通常来自于经济理论，表示经济变量和结构冲击之间有意义的长期和短期关系。其中，各变量排序很重要。一般文献均按以下变量排序分析脉冲响应函数：第一个变量不会同时受到所有其他变量的影响，但对第一个变量的冲击将影响其他变量；第二个变量同时影响剩余的其他变量（除了第一个变量），但不会同时受这些变量的影响；其余类推。我们也依据这一原则作排序。由于变量较多，实际操作上难以完全根据理论或者文献进行变量排序，因此可以借助格兰杰因果关系检验与实际理论对变量进行合理排序。

（1）短期约束

短期约束通常直接施加在矩阵 D_0 上，表示经济变量对结构冲击的同期响应，常见的可识别约束是简单的零约束排除方法。常见的短期约束有两种方式：一种是通过 Cholesky 分解建立下三角矩阵的递归零约束，主要通过变量的排序实现，外生性较强的排在前面，预期不会或很少对其他变量产生影响的变量应该放到最后；另外一种是非递归零约束，根据经济理论、制度特征进行零约束。

（2）长期约束

关于长期约束的概念最早是由 Blanchard 和 Quah 在 1989 年提出的，是为了识别模型供给冲击对产出的长期影响。施加在结构模型的系数矩阵 D_i (i=1，2，…) 上的约束通常称为长期约束。最常见的长期约束形式是对第 i 行第 j 列元素施加约束，典型的是零约束形式，表示第 i 个变量对第 j 个变量的累积乘数影响为 0。

（3）本研究的约束条件的确定

我们采取经济理论对模型进行约束，我们假定：财政收入与财政支出对宏观经济产生影响，这又对货币供给产生影响，从而影响通货膨胀率，最后对股票和房地产等资产价格产生影响。因此，我们设定模型中变量的顺序为 CS、CZ、M2、GY、CPI、SH、SP。

6.3.3 数据处理及其平稳性检验

（1）数据选择及处理

为了检验和揭示财政收支与资产价格之间的关系，我们采用设定的模型中包括 7 个变量，分别反映产出、通货膨胀率、货币政策、财政收入、财政支出和资产价格（股票及房地产）。

GY 为工业生产总值月度同比增长率，反映宏观经济运行情况。由于

GDP 数据没有月度数据，用工业生产总值月度同比增长率（GY）作为替代变量。

CPI 为居民消费价格指数的月同比增长率，表示通货膨胀的情况。

M2 为广义货币供给的月度同比增长率，代表货币政策变量。

CS 为财政收入的月度同比增长率,CZ 为政府支出的月度同比增长率，这两个指标代表财政政策变量。

SH 为上证综指同比增长率，SP 为国房景气指数中的商品房销售价格指数同比增长率，这两个指标代表资产价格变量。

上述指标的数据范围为 1996 年 1 月至 2011 年 12 月。数据来源为中经网宏观经济数据库、中国国家统计局网站、中国人民银行网站。

（2）SVAR 模型滞后阶数的确定和稳定性检验

在确定滞后阶数和进行稳定性检验之前，首先要保证模型假设的合理性。如果施加的约束条件不能保证模型是恰好识别（just-identified），此时就需要对模型进行过度识别（over-identified）的 LR 统计检验，来确保模型使用的假设的合理性。

此外，还需要选定最优滞后期，消除残差的自相关性，以使残差服从白噪声过程。在选择滞后阶数 p 时，一方面为了完整反映所构造模型的动态特征，需要足够大的滞后阶数，另一方面，滞后阶数越大，需要估计的参数也就越多，模型的自由度减少。通常从给定的最大可能滞后阶数出发，采用一些检验方法进行阶数选择。常见的检验准则有 LR 准则、AIC 准则、SC 准则、FPE 准则及 HQ 准则。从方法比较看,Canova(2009）指出，LR 检验只考虑模型对样本的拟合度，而没有考虑样本外预测误差，LR 检验的结果一般难以令人满意；而其他信息准则都根据样本容量 T、参数个数 m 和滞后长度对向前一步预测的 MSE 施以惩罚。当 T 较大时，惩罚差异不是很重要，当T较小时，惩罚差异较为明显。Paulsen（1984）[①]指出，AIC准则相对于其他准则倾向于选择过大的滞后阶数。Kilian和Ivanov（2005）通过利用一系列的数据生成序列和数据频率，针对AIC、HQ、SC三大准则比较研究发现，HQ准则最适用于研究季度和月度数据。HQ准则的计算方法如下：

$$\min HQ = (\ln n)^{2k/n}(1/n\sum e_i^2) \quad (6-15)$$

因此，从综合选择结果看，我们选择HQ准则，选取的滞后阶数为2阶。

变量的单整阶数和变量间的协整关系对方差分解的结果有很大的影响。方差分解反映了总供给冲击和总需求冲击的相对重要性，因此必须对数据进行严格的平稳性检验来确定单整阶数和协整关系。单位根检验方法很多，一般有DF、ADF检验和Philips的非参数检验（PP检验）等。本书采用ADF方法。

在确定滞后阶数和单位根检验方法之后，本研究的实证分析结果如表6-1所示，根据结果，我们选取的滞后阶数为2期。

表6-1 滞后阶数的选择

VAR Lag Order Selection Criteria						
Endogenous variables: CS CZ M2 GY CPI SH SP						
Exogenous variables: C						
Date: 04/03/12 Time: 21: 54						
Sample: 1996M01 2011M12						
Included observations: 184						
Lag	LogL	LR	FPE	AIC	SC	HQ
0	1469.052	NA	2.96e-16	-15.89187	-15.76957	-15. 84230
1	2504.777	1981.386	6.50e-21	-26.61714	-25.63868*	-26. 22056
2	2611.008	195.1432	3.50e-21*	-27.23922*	-25.40461	-26. 49563*

①Paulsen, J.Order determination of multivariate autoregressive time series with unit roots［J］, Journal of Time Series Analysis, 1984(5): 115-127.

3	2646.889	63.18039	4.06e-21	-27.09662	-24.40585	-26.00602
4	2695.595	82.05896	4.11e-21	-27.09342	-23.54651	-25.65581
5	2732.812	59.87223	4.76e-21	-26.96535	-22.56229	-25.18074
6	2766.146	51.08772	5.79e-21	-26.79507	-21.53585	-24.66344
7	2819.805	78.15554*	5.71e-21	-26.84571	-20.73034	-24.36708
8	2864.962	62.33603	6.25e-21	-26.80394	-19.83242	-23.97829
* 表示按照各滞后准则选择的滞后期:						
LR: sequential modified LR test statistic (each test at 5% level)						
FPE: Final prediction error						
AIC: Akaike information criterion						
SC: Schwarz information criterion						
HQ: Hannan-Quinn information criterion						

6.3.4 稳定性检验

稳定性检验可以作为检验理论合理性的标准，它也是进行脉冲响应分析的前提。观察 AR 根可知，全部 AR 根的模型均位于单位圆内，表明我们设立的模型具有良好的稳定性，从而确保了下一步研究的有效进行。

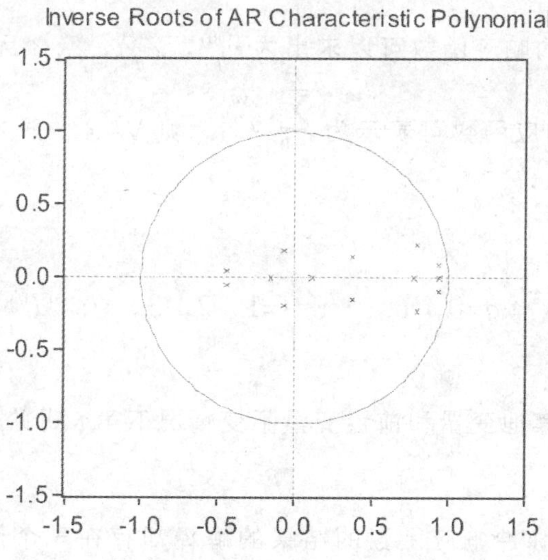

图6-4 模型的稳定性检验

6.3.5 方差分析

由于 SVAR 是一种非理论性的模型，因此在分析 SVAR 模型时，往往不分析一个变量的变化对另一个变量的影响如何，而是分析当一个误差项发生变化，或者说模型受到某种冲击时对系统的动态影响，这种分析方法称为脉冲响应函数方法（impulse response function，IRF）。要分析 SVAR 的脉冲响应，我们先从 VAR 的脉冲响应入手。对于一个 n 元的 VAR（p）模型，其 VMA（∞）表达式为：

$$y_t = (I_k + C_1 L + C_2 L^2 + \cdots)\varepsilon_t ,\quad t = 1,2,3,\cdots,T$$

y_t 的第 i 个变量 y_{it} 可以写成：

$$y_{it} = \sum_{j=1}^{k} (c_{ij}^{(0)} \varepsilon_{jt} + c_{ij}^{(1)} \varepsilon_{jt-1} + c_{ij}^{(2)} \varepsilon_{jt-2} + \ldots)$$

假设该系统从第 0 期开始活动，于第 0 期给定了扰动项 $\varepsilon_{j0}=1$，而其余 $\varepsilon_0=0$，并且其后均为 0，则称此为第 0 期给 y_j 以脉冲，则由 y_j 的脉冲引起的 y_j 的响应函数可以求出为 $c_{ij}^{(0)}$，$c_{ij}^{(1)}$，…，且由 y_j 的脉冲引起的 y_j 的累积响应函数可表示为 $\sum_{q=0}^{\infty} c_{ij}^{(q)}$，则 VAR 的脉冲响应函数可以表示为：

$$c_{ij}^{(q)} = \frac{\partial y_{i,t+q}}{\partial \varepsilon_{jt}} \cdot (q=0,\ 1,\ \cdots;\ t=1,\ 2,\ 3,\ \cdots,\ T) \qquad (6\text{-}16)$$

它描述了在其他变量和前置变量不变情况下第 t 期 $y_{i,t+q}$ 对 ε_{jt} 的一个冲击的反应。

但对于上述脉冲响应函数的结果的解释却存在一个问题：我们假设协方差矩阵 Σ 是非对角阵，这意味着 ε_t 中的其他元素随着第 j 个元素 ε_{jt}

的变化而变化，这与计算脉冲响应函数时假定 ε_{jt} 变化而 ε_t 中其他元素不变化相矛盾，这就需要利用一个正交化的脉冲响应函数来解决这一问题。为了解决 VAR 脉冲响应函数非正交化的问题，有 Cholesky 分解可将正定的协方差矩阵 Σ 分解为 $\Sigma = GQG'$，其中 G 是下三角阵，Q 是唯一一个主对角线元素为正的对角矩阵。利用矩阵 G 可以构造一个 $u_t = G^{-1}\varepsilon_t$，则 $\varepsilon_t = Gu_t$，因此 VMA（∞）可以表示为：

$$y_t = (I_k + C_1L + C_2L^2 + \ldots)\varepsilon_t = (I_k + C_1L + C_2L^2 + \ldots)Gu_t = D(L)u_t \quad (6-18)$$

则由式（2-43）可以导出一个正交的 SVAR 的脉冲响应函数：

$$d_{ij}^{(q)} = \frac{\partial y_{i,t+q}}{\partial u_{jt}} \text{（}q=0, 1, \cdots; \ t=1, 2, 3, \cdots, T\text{）} \quad (6-19)$$

上式描述了在时期 t，其他变量和早期变量不变的情况下，$y_{i,t+q}$ 对 u_{jt} 的一个结构冲击的反应。同样地，由 $y_{i,t+q}$ 的脉冲引起的 u_{jt} 的累积响应函数可表示为：

$$\sum_{q=0}^{\infty} d_{ij}^{(q)} = \sum_{q=0}^{\infty} \frac{\partial y_{i,t+q}}{\partial u_{jt}} \quad (6-20)$$

而 SVAR 模型可识别的短期约束和长期约束体现在脉冲响应函数上表现为：短期约束意味着脉冲响应函数随着时间的变化将会消失，长期约束则意味着对响应变量未来的值有一个长期的影响。

脉冲响应函数描述的是 SVAR 模型中一个内生变量的冲击给其他内生变量所带来的影响，而方差分解（Variance decomposition）是通过分析每一个结构冲击对内生变量变化（通常用方差来度量）的贡献度，进一步评价不同结构冲击的重要性。因此，方差分解给出对 SVAR 模型中的变量产生影响的每个随机扰动项的相对重要性的信息。其基本思想表述如下：

由式（6-16）可知，各个括号中的内容是第 j 个扰动项 ε_j 从无限过去到现在时点对 y_i 的影响的总和。求其方差，假定 ε_j 无序列相关，则

$$E[(c_{ij}^{(0)}\varepsilon_{jt}+c_{ij}^{(1)}\varepsilon_{jt-1}+c_{ij}^{(2)}\varepsilon_{jt-2}+\ldots)^2]=\sum_{q=0}^{\infty}(c_{ij}^{(q)})^2\sigma_{ij}\text{ ，}i\text{，}j=1\text{，}2\text{，}\cdots\text{，}k \tag{6-21}$$

这是把第 j 个扰动项对第 i 个变量从无限过去到现在时点的影响，用方差加以评价的结果。此处还假设扰动项向量的协方差矩阵 Σ 是对角矩阵，则 y_i 的方差是上述方差的 k 项简单和：

$$\mathrm{var}(y_{it})=\sum_{j=1}^{k}\{\sum_{q=0}^{\infty}(c_{ij}^{(q)})^2\sigma_{ij}\}\qquad i\text{，}j=1\text{，}2\text{，}\cdots\text{，}k \tag{6-22}$$

y_i 的方差可以分解成 k 种不相关的影响，因此，为了测定各个扰动项对 y_i 的方差有多大程度的贡献，定义了如下尺度：

$$RVC_{j\to i}(\infty)=\frac{\sum_{q=0}^{\infty}(c_{ij}^{(q)})^2\sigma_{ij}}{\mathrm{var}(y_{it})}=\frac{\sum_{q=0}^{\infty}(c_{ij}^{(q)})^2\sigma_{ij}}{\sum_{j=1}^{k}\{\sum_{q=0}^{\infty}(c_{ij}^{(q)})^2\sigma_{ij}\}}\text{，}\quad i\text{，}j=1\text{，}2\text{，}\cdots\text{，}k \tag{6-23}$$

即相对方差贡献率（relative variance contribution，RVC）是根据第 j 个变量基于冲击的方差对 y_i 的方差的相对贡献度来观测第 j 个变量对第 i 个变量的影响。

实际上，不可能用直到 $s=\infty$ 的 $c_{ij}^{(q)}$ 项和来评价。如果模型满足平稳性条件，则 $c_{ij}^{(q)}$ 随着 q 的增大呈几何级数性的衰减，所以只需取有限的 s 项，得到近似的相对方差贡献率 $RVC_{j-i}(s)$。如果 $RVC_{j-i}(s)$ 取值较大时，意味着第 j 个变量对第 i 个变量的影响较大，相反地，当 $RVC_{j-i}(s)$ 较小时，可以认为第 j 个变量对第 i 个变量的影响较小。

表6-2 各变量冲击对股票价格影响的方差分解表

Period	S.E.	CS	CZ	M2	GY	CPI	SH	SP
1	0.115368	0.269480	0.617669	3.920958	0.764838	1.878850	92.54821	0.000000
2	0.121677	0.613332	0.889300	4.816909	1.654367	2.904356	88.77264	0.349096
3	0.125840	0.810425	0.900118	6.017987	1.501781	2.734390	87.06674	0.968555
4	0.128463	1.067324	0.921756	6.820486	1.438787	2.326797	85.79035	1.634497
5	0.130650	1.357280	0.892186	7.676641	1.296407	1.978057	84.54514	2.254285
6	0.132333	1.687873	0.858432	8.479399	1.159235	1.723745	83.33237	2.758949
7	0.133663	2.041355	0.818805	9.288013	1.043236	1.565810	82.10966	3.133120
8	0.134736	2.409076	0.781808	10.08539	0.964782	1.494039	80.88218	3.382729
9	0.135614	2.781324	0.748021	10.87304	0.930148	1.495358	79.64304	3.529069
10	0.136340	3.150984	0.718427	11.63994	0.939754	1.558313	78.39501	3.597577
11	0.136946	3.511866	0.692717	12.37617	0.990625	1.672506	77.14345	3.612671
12	0.137453	3.859002	0.670558	13.07029	1.078122	1.828843	75.89869	3.594496
Cholesky Ordering： CS CZ M2 GY CPI SH SP								

表6-3 各变量冲击对房地产价格影响的方差分解表

Period	S.E.	CS	CZ	M2	GY	CPI	SH	SP
1	0.115368	0.279349	0.318181	0.650743	0.157153	0.155232	0.895230	97.54411
2	0.121677	0.119786	0.135680	2.537936	0.434617	0.636605	1.376092	94.75928
3	0.125840	0.155654	0.115268	3.766653	0.787095	0.693365	1.750243	92.73172
4	0.128463	0.165973	0.221755	4.862238	1.262693	0.596773	2.108397	90.78217
5	0.130650	0.152128	0.361233	5.857240	1.702559	0.477866	2.475664	88.97331
6	0.132333	0.132101	0.476542	6.722460	2.070719	0.419543	2.835198	87.34344
7	0.133663	0.125256	0.550503	7.442881	2.317463	0.475640	3.160955	85.92730
8	0.134736	0.146221	0.582796	7.992238	2.438952	0.676710	3.424542	84.73854
9	0.135614	0.202638	0.586115	8.358681	2.460475	1.025545	3.605294	83.76125
10	0.136340	0.293543	0.579495	8.549468	2.436539	1.495351	3.697974	82.94763
11	0.136946	0.409623	0.581959	8.595739	2.431289	2.035356	3.716176	82.22986
12	0.137453	0.536473	0.606602	8.544571	2.497006	2.586090	3.688040	81.54122
Cholesky Ordering： CS CZ M2 GY CPI SH SP								

表6-4 各变量冲击对工业总产值影响的方差分解表

Period	S.E.	CS	CZ	M2	GY	CPI	SH	SP
1	0.115368	6.090635	0.029943	0.379966	93.49946	0.000000	0.000000	0.000000
2	0.121677	10.01730	0.380965	2.716365	86.14650	0.633136	0.053405	0.052333
3	0.125840	9.057219	1.451639	2.371424	85.99757	0.559344	0.169185	0.393619
4	0.128463	8.852286	1.778828	3.408876	84.14960	0.639306	0.401403	0.769696
5	0.130650	8.442571	2.146161	3.829386	83.04597	0.624326	0.700620	1.210964
6	0.132333	8.150210	2.319293	4.477722	81.81254	0.622719	1.027765	1.589746
7	0.133663	7.908622	2.468239	4.997873	80.77547	0.608575	1.351643	1.889579
8	0.134736	7.728756	2.557800	5.512488	79.86263	0.595165	1.650144	2.093013
9	0.135614	7.598216	2.624374	5.965374	79.09980	0.586295	1.911504	2.214438
10	0.136340	7.509605	2.666038	6.372058	78.46434	0.586127	2.128254	2.273574
11	0.136946	7.455084	2.692514	6.724821	77.93820	0.597310	2.298904	2.293171
12	0.137453	7.427253	2.706726	7.027293	77.50135	0.620235	2.425251	2.291896
Cholesky Ordering： CS CZ M2 GY CPI SH SP								

方差分解是分析每个内生变量冲击对其他内生变量变化的贡献度，即某个变量预测误差的方差由其他内生变量基于冲击方差的相对贡献度。为了更深入地说明问题，进一步利用方差分解来说明股市和宏观经济政策之间的关系。

从各变量冲击对股票价格影响来看，除自身影响外，影响最大的是M2；其次，短期内影响大的为CPI，长期内影响最大的则为房地产价格。财政收入和财政支出对股票价格影响的权重比较小。

从各变量冲击对房地产价格的影响来看，除自身影响外，影响最大的是M2；其次是股票价格和工业总产值。财政收入和财政支出对房地产价格影响的权重比较小。

从各变量冲击对工业总产值的影响来看，除自身影响外，影响最大的是财政收入，其次为M2，财政支出的影响也较大。

6.3.6 脉冲反应函数图

在确定了方差分解之后，接下来用累计脉冲反应函数来刻画上证综指同比增长率和商品房销售价格指数同比增长率对所有7个变量的反应情况。

限于篇幅及研究的重点，我们选取了各变量对股票价格指数和房地产价格指数的冲击。

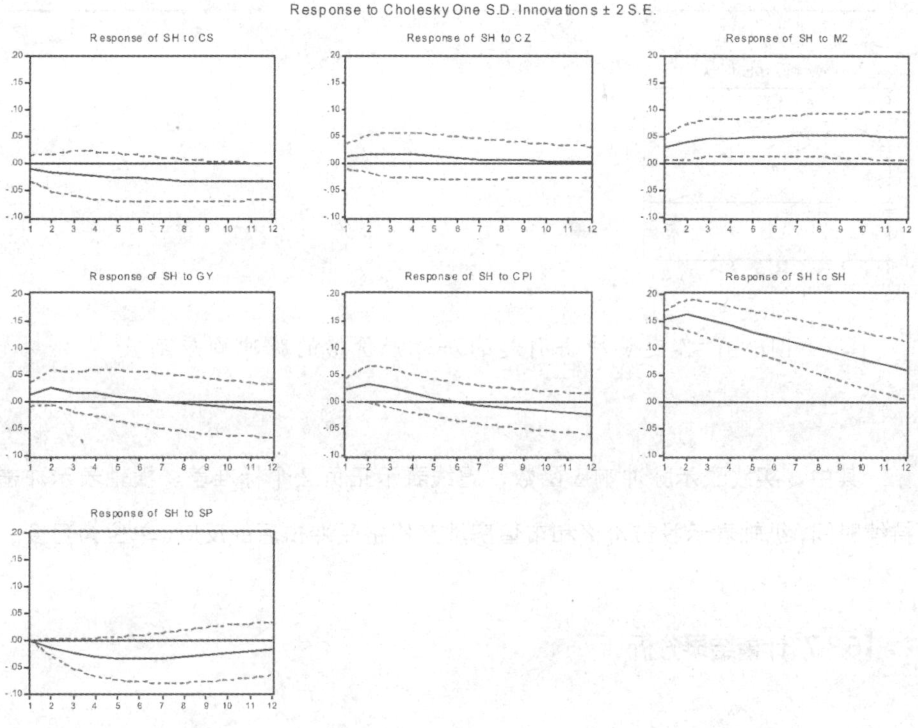

图6-5 各变量冲击引起的股票价格脉冲响应函数

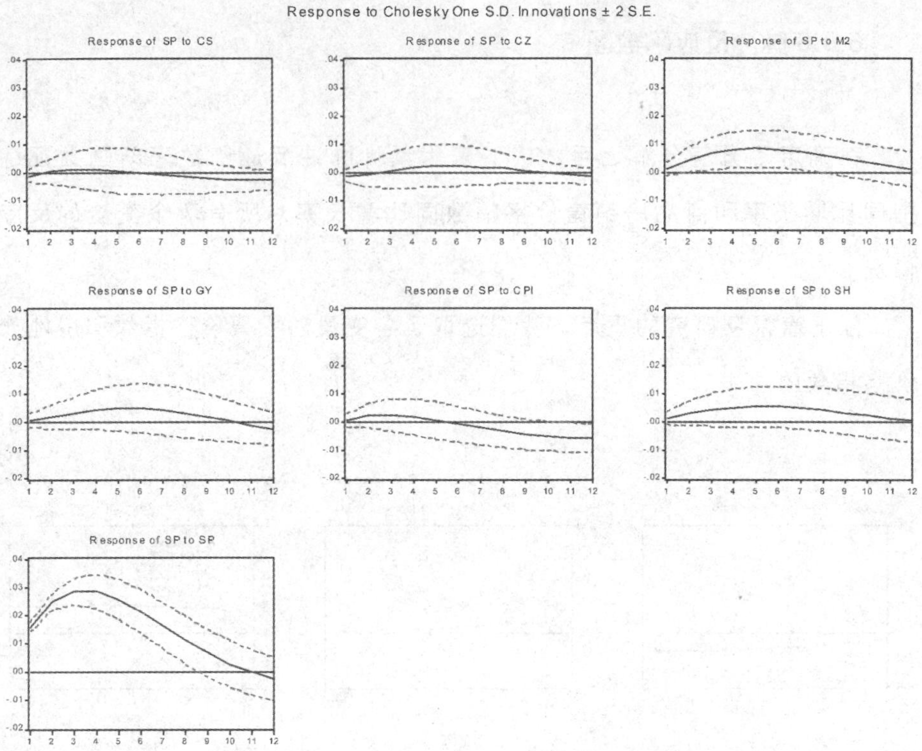

图6-6 各变量冲击引起的房地产价格的脉冲响应函数

其中，实线表示脉冲响应函数，虚线表示正负 2 个标准差。横轴表示冲击持续时间，纵轴表示股市价格和市值房地产价格受冲击后的反应，单位为月度。

6.3.7 计量结果分析

特征一：财政收入与财政支出变化对我国股票及房地产价格波动性的影响都是不显著的。

特征二：相对于财政收支来讲，工业总产值这一宏观经济因素对资产价格的影响要大得多。

特征三：财政政策对资产价格短期内有影响作用，但相比较而言，货币政策对资产价格的影响效应更明显，也更持久。

特征四：财政收入与财政支出对工业总产值这一宏观经济因素的影响较大。

从这些特征可以比较明晰地看出财政政策、货币政策、实体经济与资产价格之间的关系：财政政策对调整实体经济运行作用很大，但对资产价格的影响甚微；由于资产负债表问题的存在，货币政策在经济危机时期对实体经济的作用难以发挥效用，但其对资产价格的运行有着非常大的影响。通过这两点可以肯定，我国房地产市场的暴涨，与扩张性财政支出政策并无直接关系，而似乎应从市场的流动性等货币因素的角度多寻求原因。综合上面的分析，政策含义是十分明晰的：在经济危机时期，要很好地把握财政政策与货币政策的配合，以财政政策调控实体经济，以实体经济的发展为资产价格的稳定奠定基础；货币政策对实体经济的影响不大，但在调控资产价格方面能担当重任。

6.4 我国财政政策影响资产价格波动的特殊性

我国实践经验表明，扩张性财政政策对于资产价格的波动有其特殊通道与作用机制。

1. 我国房地产和股票市场货币供给的特殊性

从我国应对经济危机的刺激性财政支出政策来看。2008 年欧美金融危机爆发后，我国出台了十大产业振兴规划。这十大产业都是影响国计民生的重点产业，且和房地产业发展的上下游产业链高度相关。尽管十大产业没有囊括房地产业，但由于政府支出政策的实施带动了这些房地产相关产业的发展，也能影响中国房地产市场资产价格的变动方向。比如，钢铁业、有色金属业诸如此类，等等。由此表明，财政政策能够通过对这些房地产相关行业发展的影响，继而为房地产市场的发展和价格变动埋下了最基础的铺垫。

财政政策和货币政策对资产价格的影响效应不同，是符合经济的实际运行情况的，这与下列因素有关：

若财政支出主要采用债券融资的方式，在此种方式下，企业税负下降，股价提升。若财政支出主要来源于税收收入，预期税负提高和未来投资收益降低，股价受公司基本面影响，将会趋于下降。从上述相悖情况可看出，财政政策对股价具有非中性特征。

货币政策主要反映在货币供给量的变化上，当货币供给量的增加主要由利率变动所引发，企业股价受利率变动和流动性冲击的影响，将与货币政策表现出较强的相关关系，货币政策对股市的影响作用和长期效应显著。

扩张性的财政支出政策使得银行等金融机构充分释放流动性，而其中很大一部分货币流动性经过各种隐性或显性方式进入房地产市场。某种意义上讲，这是支持我国房地产市场资产价格上涨的主要原因之一。

李雅静、杨毅(2005)主要考察了我国货币供应量对房地产投资的影响。通过货币政策与房地产投资的实证研究发现，货币供应量与房地产投资占总固定资产投资的比例之间，存在着稳定的长期关系，且均为正相关。因此，得出货币供应量对房地产投资有一定调控作用的研究结论。根据相关调查报告，房地产企业开发资金来源中有60% ~ 70%直接或间接来自银行，从而使房地产市场投资空前火爆，也造成了我国房地产市场资产价格的高居不下。

吴奉刚、杜兆瑜（2010）研究认为，超额货币是房地产价格的Granger原因，且二者存在协整关系，超额货币对于推动房地产价格的上涨发挥了重要作用，表明我国房市存在“货币现象”。从股市来看，长期的“货币现象”并不存在，但自2006年第4季度以来超额货币存量与股指的相关性显著增强。①

2. 我国国有企业的特殊地位

在财政政策实施过程中，部分中央财政支出经由市场经济主体渠道，特别是国有企业流向房地产领域。作为市场经济主体，经济转轨体制大背景的国有企业仍在重要的领域中发挥着重要主导作用。同时，社会主义市场经济也具有非常明显的二元特征。即，无论在企业产权结构还是在治理结构中，国有企业都存在着对市场与政府的双重依赖性。在政府各项政策的支持下，财政对国有企业重大项目的投资往往占有较大比重。2008年金融危机期间，在外部经济不景气，各项投资回报率偏低的背景下，作为微观经济独立主体的中国国有企业，

---

①吴奉刚、杜兆瑜：《我国资产价格“货币现象”的实证分析》，载《南京师大学报（社会科学版）》，2010（2）。

必然倾向于投资于回报率高的房地产业。

3. 我国财政体制的特殊性

值得注意的是，财政政策的实施与执行往往需要地方的财政支出相配套。在中国政府体制的特殊背景下，中央财政与地方财政对房地产行业投资的影响途径不尽相同。相比较中央层面而言，在地方层面上的财政支出政策对房地产投资领域，具有更为明显的政策效应。

4. 我国股票市场与房地产行业所处的特殊阶段

从股票市场来看，实证研究说明，我国财政支出政策调整的效果不受宏观经济因素的影响，其对股市作用也不确定。尽管从理论上说，若股市具有市场有效性，则财政支出政策调整会经由经济基本面而对股市产生影响。但是，我国股票市场有效性较弱，对经济的反映功能也不健全。另外，我国政策调整发布体制不完善，公众尚不能掌握足够的财政支出信息，因而广大的个人投资者不能将财政支出政策体现到其交易决策和交易行为中。因此，与实证研究结果相一致，财政支出方面的变化便不会对股市波动产生确定影响。同时，我国经济环境尽管有所发展，但尚未从根本上改善股市效率与投资者结构，所以财政支出政策调整对股市产生的效果不受宏观经济因素的影响。

从房地产市场来看，中央政府转移支付政策可以直接作用于房地产投资的领域。以住房保障支出为例。作为中央政府支出直接作用于房地产领域的部分，用于转移支付的主要是进行租赁补贴。从根本性质上看，该部分支出属于财政的直接支出，无须经过市场的传导，可能会缓解增长率下降对房地产投资的负面影响。

对于现阶段改善我国民生的诸多要求来说，改善基层百姓住房居住条件无疑是地方政府首要的职责义务。其中，加大政策性住房的投入十分迫切而重要。但不可否认的是，政策性住房（经济适用房、廉租房、保障房）建设毕竟没有多少“盈利”的空间。说到底，补贴举措还是政府买单。地方政府对土地出让有绝对的垄断权，地方政府有条件将房地产开发的负外部性转嫁给开发商。因此，地方政府进行土地的转让时，往往会将该地块的基础设施建设成本作为附加条件。

在这种情况下，如果土地出让的名义价格固定，附加基础设施建设成本的大小就能够改变土地出让的实际价格，从而间接影响房地产市场的资产价格。所以说，用于保障性住房等投资和建设的财政支出，通过土地财政收入的弥补而间接影响了地价，通常表现为地价的提高。毫无疑问，这一传导路径又直接带动了房地产市场资产价格的上涨。

6.5 本章小结

我国从 1986 ~ 2008 年已连续 23 年出现了财政赤字。就是说，财政赤字已经伴随改革开放成为一种实践常态。当然，这种变化不是偶然的，它反映了我国政府在财政管理上面对一系列复杂因素积极主动发挥财政政策对市场经济稳定作用的新思维。

1998 ~ 2002 年间及 2007 年以来，我国行了扩张性财政政策。

通过采用 SVAR 模型对我国财政收支及资产价格关系进行实证检验可以看出以下特征：

特征一：财政收入与财政支出变化对我国股票及房地产价格波动性的影响都是不显著的。

特征二：相对于财政收支来讲，宏观经济因素对资产价格的影响更大些。

特征三：财政政策对资产价格短期内有影响作用，但相比较而言，货币政策对资产价格的影响效应更明显，也更持久。

特征四：财政收入与财政支出对宏观经济影响较大。

我国实践经验表明，扩张性财政政策对于资产价格的波动有其特殊通道与作用机制。如我国房地产和股票市场货币供给的特殊性，我国国有企业的特殊地位，我国财政体制的特殊性，及我国房地产行业所处的特殊阶段等。

7 相关政策建议

在金融危机期间财政政策是否应该关注资产价格波动的议题上，我国既需要整体战略和科学顶层设计，又要有长远的规划战略。要看到，中国财政政策效应的发挥有其特殊的国情，不应该、实际上也不可能简单地照搬国外的做法和经验。基于上述章节关于财政政策与资产价格波动影响机制的理论与实践分析，本报告提出以下较具现实可行性的政策建议。

7.1 可考虑将资产价格作为我国财政政策调控的辅助目标

尽管财政政策与资产价格波动分别属于宏观经济与微观经济领域的问题，但是鉴于危机时期财政政策对资产价格波动产生的重要影响，相关部门应将我国资产价格纳入财政政策调控体系的视野，综合考虑两大不同领域的议题。

首先，从前几章的分析来看，扩张性财政政策对资产价格的影响不一。从上一章的中国的实证分析可以看出，财政收入与财政支出对资产价格直接影响有限，财政收支的变化也不能很好地说明资产价格的波动。资产价格波动有着其自身的规律。因此，危机出现的非常时期，无论是货币政策还是财政政策，都不能将调控目标放在资产价格上，而是应关注资产价格波动背后的宏观经济的变化趋势，与其拯救资产价格，不如切实振兴经济，以经济基本面回稳带动资产价格上涨。

我国政府部门在重视财政政策作用于实体经济领域直接影响的同时，应通过关注资产价格可能对实体经济产生的影响来实施间接调控。就具体的操作而言，资产价格不宜作为我国实施财政政策调控的直接目标，但可考虑列作宏观经济调控过程中关注的辅助目标，相关部门对微观经济领域的资产价格波动实施监测，进行及时跟踪财政政策对其的影响，研究关注与非关注两者的临近点。

其次，要加强财政政策与资产价格波动之间的当期与后期关系，以及财政政策出台后资产价格波动的相关领域问题的研究。掌握财政政策对资产价格波动的影响以及宏观政策调控的滞后期限，对资产价格的剧烈波动做出政策指标预警，以防止虚拟经济领域的资产价格波动对实体经济领域造成巨大冲击。尤其要注意当财政政策的实施所导致资产价格变动过于剧烈，而影响到了实体经济的安全时，应追根溯源分析在财政政策实施和政策调整的过程中，资产价格之所以出现剧烈波动的深层次原因。并且，针对这些产生的原因可考虑政策调控的方向与力度。

最后，在综合考虑资产价格波动因素的财政政策传导机制的基础上，构建反映资产价格波动的预警指标体系。根据资产价格的波动情况与市场走向，以及对于宏观经济变动的影响程度，相关政府部门对此进行及时预估，进而做出政策调控的相应判断与抉择机制，最终建立有利于实体经济与虚拟经济均衡发展的财政政策操作框架。

7.2 建立财政政策稳定的制度与机制建设，充分发挥其自动稳定器的作用

从长期来看，政府应该加快有利于财政政策发挥自动稳定器作用的制度方面基础建设，建立经济波动的平滑机制，构建减缓经济波动的第一道防线。特别是具有自动稳定器作用的主要是所得税、转移支付等财政政策，能够对资产价格波动进而对经济起到稳定的作用。具体措施包括：

首先来看股票市场。危机时期针对资产价格的剧烈波动应适时配合调整证券交易税或者利息所得税，充分发挥财政税收制度的自动稳定作用。

近些年，我国股票市场资产价格之所以出现非理性上涨的主要原因在于：相当长时期内宽松的货币供给量背景，闲散资金投资渠道的极为有限等方面。为确保金融危机期间我国证券市场稳定健康发展，相关政府部门可以运用证券交易相关的税率政策调整措施，通过降低或提高投资股票的机会成本，以此影响股票市场的投资需求，抑制市场资金的过度流入或流出，提高或降低股票资产价格波动的方向或幅度。可考虑下述内容：

第一，在相关税种的设置上。在保留对一级市场征收印花税的基础上，考虑适时开征 1994 年税制改革时拟开征的证券交易税。同时，为了使印花税真

正发挥作用，应对发行登记许可证课税，对不同证券品种征收不同的税率。

第二，在征税范围上。根据国际惯例，出于增加证券流动性和降低交易成本的考虑，应将证券交易的转让方作为纳税人。以证券交易税为例，征收范围应涵盖上市交易的一切证券品种。

第三，在调整税率上，应考虑证券实际收益水平和投资风险，设置差别比例税率。通常而言，股票交易税率应高于国债或金融债券的交易税率。同时，同一证券品种的税率也要考虑时间长短，持有时间越短，税率应该相应越高，这可以抑制过度投机、鼓励理性投资。此外，对金融债券和国库券可考虑不征税或实行低税率，以此提高或减少持有债券的收益，引导居民选择一定的证券投资品种。

其次来看房地产市场。针对房地产的资产价格，调整房地产相关税率。

在现行的房地产税收体制下，那些享受到房地产价格高涨所带来收益增加的人，却并没有为此付出成本，从而违背了税收负担的公平性。如果这种情况长期存在，得不到改变的话，就会造成有更多房地产资产的人通过政府的公共支出不断地增加财富。而没有房地产资产的购房者则越来越无法承担房价的不断攀升带来的压力，最终导致的结果是我国贫富差距的进一步拉大。要改变这一现状，应考虑以下几点：

一是必须通过财政税收政策的调节来完善房地产市场，使房地产价格趋于合理化的同时，使成本与收益相匹配。这就是财产税的征收之所以成为近年来研究和争论热点的原因。考虑到土地与房地产价值难以分割和紧密相连的特性，城镇土地使用税针对城镇土地课税，税收的目标和作用，与房产税相似，建议将当前的房产税和城镇土地使用税合并，设立统一的财产税。

二是可考虑适当扩大财产税的征税范围，由商业地产扩大到居民住宅，从而完善国家税收和财政体制，从根本上彻底改变房地产保有环节税收计税依据混乱的现状。值得注意的是，对房地产的保有环节征税是一项系统工程，涉及很多方面的障碍。就目前来看，在技术和操作上还存在较大困难，建议以房地产的市场价值作为计税依据，根据房屋所在地区的经济发展水平和房屋的质量、建造时间、物业环境、地理位置等因素实行差别的比例税率。此外，针对特殊群体可以制定一些减免的政策规定，并在更高的层面上加以制度化。

针对房地产价格的剧烈波动而征收财产税，一方面，不仅有利于房地产业长期的健康发展，成为房地产调控政策体系中至关重要的建设内容[①]；而且有利于增加地方政府收入，打造与地方政府职能合理化内在契合的支柱财源，逐步将纳税重心从生产环节更多地转移、后置到财产环节，为地方政府提供稳定、大宗的地方税种，使地方税体系建设得到重大推进。另一方面，该税还能够为财政政策执行与监督机制改革的进一步完善，以及财政制度相关的全局配套和其他改革顺利推进提供支持。

①贾康：《当前财政政策与货币政策的协调配合》，载《中国金融》，2011（6）。

7.3 在把握调控资产价格着力点的问题上，加强财政货币政策的协调

从上面的分析可以看出，财政政策对调整实体经济运行作用很大，但对资产价格的影响甚微。由于资产负债表问题的存在，货币政策在经济危机时期对实体经济的作用难以发挥效用，但其对资产价格的运行有着非常大的影响。因此，在经济危机时期，要很好地把握财政政策与货币政策的配合，以财政政策调控实体经济，以货币政策调控资产价格。

表7-1　财政政策与货币政策搭配

		实体经济		
		过冷	正常	过热
资产价格	过冷	财政政策刺激实体经济；货币政策调控资产价格	以扩张性货币政策为主	紧缩性财政政策为主；配合扩张性货币政策
	正常	以财政政策为主；避免货币政策过于宽松，以避免资产价格膨胀	发挥自动稳定器的作用	紧缩性财政政策为主；货币政策进行对冲，消除财政紧缩对流动性的负向冲击
	过热	以财政政策为主；配合紧缩性货币政策	以紧缩性货币政策为主	紧缩性财政政策；配合紧缩性货币政策

货币政策的调整对资产价格的影响要远大于财政政策的影响。面对中国宏观经济运行中的突出矛盾和问题，财政政策与货币政策都存在着自身的客观局限性。尤其还存在社会主义市场经济体制改革不到位、传导机制不通畅等问题，在危机期间财政政策针对资产价格波动的影响和作用上，更是需要加强财政政策与货币政策的协调配合。具体而言：

首先，要结合体制性与制度性等方面的因素，深刻认识到我国宏观经济调控的核心实际上在于财政政策，而不是货币政策的作用和效应。数据资料表明，在经济危机出现的非常时期，相比降纸银行准备金率，我国财政存款投放对货币供给的影响是更为直接和有效。因为财政存款的投放提升了 M2 和银行金融机构的可贷资金①。事实上，中央银行很难控制我国货币供给量。中国货币政策实际上是从属于财政政策。严格意义上讲，我国中央银行每年制定的货币供应量和新增信贷的目标，几乎就没有实现过。比如，为应对 2008 年肇始于美国的金融危机，中国政府实施了扩张性财政政策和货币政策。正因为中国政府经济活动的扩张，才产生很大的货币需求。从这个意义上讲，2008 年以后房地产资产价格仍然大幅上涨的根本动因，无疑应归咎于财政政策实施的影响。

其次，要避免政府宏观调控中财政政策与货币政策作用的相互抵消，做好政策与政策之间的协调配合。就是说，在资产价格剧烈波动的议题上，财政政策与货币政策能否协调配合，直接影响着财政政策宏观调控的效果。比如，当政府出台扩张性财政政策之际，主要运用国债发行来促进经济增长，应该关注货币供给的增长幅度，避免危机期间实施的货币政策带来流动性过剩的影响。

至少需要考虑以下两点：其一，国债的认购方若是银行机构，无疑会增加货币的供给量，进而产生货币扩张的经济效应。一方面商业银行用超额准备金认购国债时，尽管其拥有的基础货币量会降低，但是货币供给总量 M1 与 M2 并没有减少。另一方面，运用国债资金会对 M1 与 M2 造成扩张影响。国债作

①彭文生：《不可低估财政政策对货币环境影响》，载《第一财经日报》，2012－01－12。

为“二级储备”还将增强商业银行的资金流动性，为其增加贷款创造了条件，这会进一步扩张货币供给总量。

其二，由于我国国有企业、国有商业银行的特殊地位，根本不会因为大量购买国债而受到货币流动性的约束。相反,这些国有机构还能够通过层层的“倒逼”方式迫使中央银行加大货币供给。这样一来，货币扩张机制发生明显变化，货币供应的内生性变得极强。可以说,在当前政府收入压力以及国有机构的“倒逼”机制下,扩张性财政政策实施会加剧通胀压力,不利于经济稳定增长。因此，在制定财政政策时应注重两大政策之间的协调配合，避免货币政策对财政政策的调控目标带来不利影响。

最后，根据资产价格剧烈波动的不同情况及其成因，区分出台相关的财政政策优化与制度改革等不同措施。以房地产市场的资产价格波动为例。所谓地方政府的土地出让收入，最终仍然来自银行（比如房地产开发商拍地的贷款）。实证结果表明，我国存在着地方财政支出资本化的现象，地方政府的财政支出通过改善基础设施服务的方式，经过一定时间的积累会资本化到房价上，表现为房地产资产价格的增加，从而推动我国房地产价格的迅速增长，助长房地产价格的泡沫。反过来，房地产市场的繁荣，房地产市场资产价格的大幅上涨，既引发了融资主体的投资冲动，也成就了地方政府的融资机制。从这个意义上讲，解决房地产市场泡沫的根本之策是，在运用各种财政政策工具和措施引导资产价格合理波动的同时，推进财政体制等相关领域的政府体制改革。

7.4 加快推进其他配套制度改革

作为一个转轨中的发展中国家，我国资产价格的剧烈波动所反映出来的突出矛盾和问题通常存在着复杂的体制性和制度性根源。而且，政府宏观调控上长期普遍存在的缺乏战略长远规划，某些决策机制存在公共利益部门化的倾向以及各项调控政策出台的整体性与协调性严重不足等问题。在危机出现的非常时期，这些问题更是暴露无遗。在进一步优化财政政策与货币政策措施协调配合的基础上，我国还应加快实现与财政政策相关的体制、制度、机制方面的配套改革和创新改革。

对于股票市场而言，最主要的是要提高上市公司质量，需要深化发行制度改革，鼓励更多的优质企业上市；需要完善退市制度，形成优胜劣汰的竞争机制；需要完善上市公司并购重组制度，促进上市公司结构优化；要按照及时性、完整性、公平性的原则，完善信息披露制度；加强监管，促进上市公司依法经营，打击内幕交易和操纵市场的违法行为；提升投资者信息，增强股票市场的吸引力。

要增强股市的吸引力，最重要的一点是增强上市公司对投资者的回报，这对促进长期投资而不是短线投机具有重要意义，是消除股票价格异常波动的重要保障。在这一问题上，有关部门已经开展了一系列的工作，取得了积极成效。

2005 年 2 月 7 日，中国证监会发布了《关于加强社会公众股股东权益保护的若干规定》，提出上市公司应实施积极的利润分配办法。

要出台措施，防止操纵市场行为，减少股票价格的异常波动。比如针对股票资产价格波动，2012 年 4 月 28 日，证监会正式发布了《关于进一步深化新股发行体制改革的指导意见》，[①]新增了会计师事务所的责任，要求会计师事务所应结合业务质量控制的需要，制定包括复核制度在内的质量控制制度和程序。注册会计师在执行审计业务时，应当保持合理的职业怀疑态度，保持对财务异常信息的敏感度，防范管理层舞弊、利润操纵等行为的发生。类似这一新规的制度建设，显然有利于股票发行市场的规范运营。今后需要做的是，将此制度的内容规定予以彻底落实和执行。

对于房地产市场来讲，要改变过去运用财政、金融手段调控微观主体的思路，寻求配套机制和制度变革的突破，避免重新陷入过去那种出现房地产价格的暂时下跌，随即价格报复性反弹的历史循环。针对危机期间房地产资产价格的攀升，必须尊重房地产市场运行的客观规律，在充分发挥市场经济机制作用的基础上，进行相关方面的财政体制和制度改革。具体包括：

第一，弥补我国现有财政体制和政府体制建设的缺陷与不足。中国房地产价格虽然经过了几轮宏观调控，但在抑制房地产价格过度上涨和回归理性上，政府宏观调控的政策效应却并不显著。究其原因，很大程度上是由于中央与地方财政在事权和收入划分上的不规范，并由此导致了地方政府利用“土地财政”满足政府支出的需求。故而，保证房地产价格的合理回归，政府应该进一步健全与完善我国中央和地方财政分税体制的建设，逐步形成中央与地方税收收入划分以及转移支付方面的合理格局。

第二，我国必须进行土地制度改革，建立土地供给的一级市场，让市场机制来调节我国土地市场的供应。由于我国地方政府存在“土地财政”和举债双

①见中华人民共和国中央人民政府网站：http://www.gov.cn/gzdt/2012-04/28/content_2126163.htm

重冲动，“土地财政”和地方投融资平台在具体运作上，这两者之间往往互为助推器。一方面，房地产是地方政府的融资机制；另一方面，地方政府用楼价来撬动整体地价估值水平，然后招商引资撬动银根，支撑投资的扩张，这是现行财政体制下高房价形成机制的逻辑主线。对此，要尊重市场经济规律，优化协调方式与手段的制度安排，这有助于在楼价、地价高的时候让更多的土地进入市场，来平抑楼市价格和土地价格高涨。

第三，纠正公共产品与服务制度提供方面的偏差。大体上讲，我国房地产价格高企不下主要有两方面的原因：一方面是因为我国社会特有的文化因素，拥有住房的人口比率普遍高于西方发达国家；另一方面是相比西方发达国家，我国保障房体制和制度基础建设的不完善与缺位所致。在住房价格高居不下的背景下，借鉴西方国家经验，使更多人通过廉租房和保障房等方式享受到住房，是在公共财政政策上可以考虑调整的方向。在我国住房保障等公共产品的提供方面，相关部门还有许多需要做的具体实践工作，探索有利于配合房地产调控政策执行的长效运行机制，避免简单地“头疼医头，脚疼医脚”的改革。

总的来说，危机期间财政政策的执行与调整，既要站在国家和民族的高度，超越部门和地区利益，进行全局性的统筹规划，避免短期行为，不能草率随意，又应通过民主机制集思广益，挣脱既得利益的束缚。这些需要在深入和思考总结过去金融危机及求助政策的基础上，进而提供符合我国国情的财政政策实施建议和参考。

7.5 本章小结

在金融危机期间财政政策是否应该关注资产价格波动的议题上，我国既需要整体战略和科学顶层设计，又要有长远的规划战略。要看到，中国财政政策效应的发挥有其特殊的国情，不应该、实际上也不可能简单地照搬国外的做法和经验。基于上述章节关于财政政策与资产价格波动影响机制的理论与实践分析，本报告提出以下较具现实可行性的政策建议。

第一，可考虑将资产价格作为我国财政政策调控的辅助目标。相关部门应将我国资产价格纳入财政政策调控体系的视野。

第二，建立财政政策稳定的制度与机制建设，充分发挥其自动稳定器的作用。政府应该加快有利于财政政策发挥自动稳定器作用的制度方面的基础建设，建立经济波动的平滑机制，构建减缓经济波动的第一道防线。

第三，在把握调控资产价格着力点的问题上，加强财政货币政策的协调。财政政策对调整实体经济运行作用很大，但对资产价格的影响甚微；货币政策在经济危机时期对实体经济的作用难以发货效用，但其对资产价格的运行有着非常大的影响。因此，在经济危机时期，要很好地把握财政政策与货币政策的配合，以财政政策调控实体经济，以货币政策调控资产价格。

第四，加快推进其他配套制度改革。对于股票市场而言，最主要的是要提高上市公司质量，增强上市公司对投资者的回报，要防止操纵市场行为，减少股票价格的异常波动。就房地产市场而言，要弥补我国现有财政体制和政府体制建设的缺陷与不足，进行土地制度改革，要纠正公共产品与服务制度提供方面的偏差。

参考文献

一、国内文献

[1] 陈淮，赵露兴．房价谁说了算？—土地与金融制度变革中的中国房地产 [M]. 南昌：江西人民出版社，2005.

[2] 傅亚辰，杨会晏．经典货币学说概论 [M]. 北京：经济科学出版社，2007.

[3] 高凌江．地方财政支出对房地产价值的影响——基于我国 35 个大中城市的实证研究 [J]. 财经理论与实践，2008（1）.

[4] 胡洪曙．财产税、地方公共支出与房产价值的关联分析 [J]. 当代财经，2007(6).

[5] 黄忠华，吴次芳，杜雪君．中国房价、利率与宏观经济互动实证研究 [J]. 中国土地科学，2008（7）.

[6] 黄忠华，虞晓芬，杜雪君．土地供应对住房价格影响的实证研究——以上海市为例 [J]. 经济地理，2009（4）.

[7] 贾康，刘军民著．中国住房制度改革问题研究：经济社会转轨中“居者有其屋”的求解 [M]. 北京：经济科学出版社，2007.

[8] 贾康，孟艳．关于财政政策与货币政策协调配合的认识 [J]. 中国金融，2008（5）.

[9] 贾康．当前财政政策与货币政策的协调配合 [J]. 中国金融，2011（6）.

[10] 贾康．复杂经济形势下仍需维持扩张性财政政策 [N]. 上海证券报，2011-07-06.

[11] 贾康．以房地产税促进住房供需平衡 [H]. 中国证券报，2012-02-18.

[12] 李春红，董晓亮．金融危机下宏观政策发布对我国股市的短期冲击效应研究．技术经济，2010（2）.

[13] 李扬．中国金融改革 30 年 [M]. 北京：社会科学文献出版社，2008.

[14] 梁云芳，高铁梅．我国商品住宅销售价格波动成因的实证分析 [J]. 管理世界，2006（8）.

[15] 刘钊，李融，戴早红．我国投资效益分析：问题、原因及对策 [J]. 投资研究，

2006（2）.

[16] 刘钊 . 股票市场脆弱性与金融稳定 [J]. 中国金融出版社，2009.

[17] 杞明 . 房价上涨的一种解释：蒂布特模型 [J]. 地方财政研究，2005（4）.

[18] 宋勃，刘建江 . 房价与地价关系的理论分析与中国经验的实证检验：1978–2007 [J]. 中央财经大学学报，2009（9）.

[19] 王岳龙，张瑜 . 基于中国省级面板数据的房价与地价关系研究 [J]. 山西财经大学学报，2010（1）.

[20] 翁少群，刘洪玉 . 宏观调控下的房价表现——从需求方心理预期的角度分析 [J]. 价格理论与实践，2005（6）.

[21] 夏斌，陈道富 . 中国金融战略 2020[J]. 人民出版社，2011.

[22] 向松祚，邵智宾编著 . 伯南克的货币理论和政策哲学 [J]. 北京大学出版社，2008.

[23] 谢文盛 . 公共支出、租税收入与住宅价格关系之研究 [J]. 华龙技术学院讨会论文集，2001.

[24] 叶文辉，楼东伟 . 中国财政政策的有效性分析——基于金融危机的背景 [J]. 山西财经大学学报，2010（5）.

[25] 余华义，陈东 . 中国地价、利率与房价的关联性研究 [J]. 经济评论，2005（4）.

[26] 张茉楠 . 以“社会融资总量为纲”建立新型金融调控体系 [J]. 发展研究，2011 年 5 期 .

[27] 张玉棉，苏昌胜，李守铎 . 论日本财政政策对股市波动的影响 [J]. 日本问题研究，2008（1）.

[28] 郑娟尔，吴次芳 . 地价与房价的因果关系——全国和城市层面的计量研究 [J]. 中国土地科学，2006（6）.

二、国外文献

[1] [美]Andrew Ross Sorkin. 大而不倒 . 巴曙松，陈剑等译 .[M]. 北京：中国人民大学出版社，2011.

[2] [美] 大卫 . N. 海曼 . 公共财政：现代理论在政策中的应用（第六版）[M]. 章彤译 / 校，北京：中国财政经济出版社，2002 年版 .

[3] [加]John Smithin. 货币经济学前沿：论争与反思 . 柳永明，王蕾译 .[M]. 上海：上海财经大学出版社，2004 年版 .

[4] Alan Greenspan. New Challenge for Monetary Policy. Federal Reserve Board Speech, 1999.

[5] Alexandre F, Bagao P. Monetary policy, asset prices and uncertainty. Economics Letters, 2005(86): 37 ~ 42.

[6] Ali Anari and James Kolari. House prices and inflation. Real Estate Economics, 2002(30):67 ~ 89.

[7] Allen,Franklin and Douglas Gale.Option Financial Crisis.Unpulished ms.,Wharton Scholl,1998.

[8] Andrew Ang, Geert Bekaert, Min Wei. Do macro variables, asset markets or survey forecast inflation better? NBER Working Paper 11538, 2005.

[9] Barro R. The stock market and investment. Review of Financial Studies, 1990(3): 115 ~ 132.

[10] Bean C. Asset prices, financial imbalances and monetary policy: Are inflation targets enough?. BIS Working Papers No. 140, BIS, Basel, 2003.

[11] Bernanke, 2004 B.S. Bernanke, What policymakers can learn from asset prices, Remarks before The Investment Analysts Society of Chicago, Chicago, IL (2004).

[12] Bianchard O, Rhee C, and Summers L. The stock market, profit and investment. Quarterly Joumal of Economics, 1993(108): 115 ~ 136.

[13] Bill Dupor. Stabilizing non−fundamental asset price movements under discretion and limited information. Journal of Monetary Economics 2005(52): 727 ~ 747.

[14] Blanchard, 1981 O.J. Blanchard, Output, the stock market, and interest rates, American Economic Review 71 (1981), pp. 132 ~ 143.

[15] Boothe and Reid, 1989 P.M. Boothe and G.D. Reid, Asset returns and government budgets in a small open economy: Empirical evidence from Canada, Journal of Monetary Economics 23 (1989), pp. 65·77. Abstract | View Record in Scopus | Cited By in Scopus (4).

[16] Borio C, Lowe P. Asset prices, financial and monetary stability: exploring the nexus. BIS Working Papers 114, 2002.

[17] Bryan, M. and S. Cecchetti. The consumer price index as a measure of inflation. Economic Review of the Federal Reserve Bank of Cleveland, Quarter 4, 1993(29): 15 ~ 24.

[18] Calvin Schnure. Boom−bust cycles in housing: the changing role of financial structure. IMF Working Paper 200, 2005.

[19] Canova F, De Nicolo G . Stock returns, term structure, inflation and real activity: an

international perspective. CEPR Discussion Papers 1614, 1997.

[20] Cecchetti S, Genberg H, Lipsky J, Wadhwani S. Asset Prices and Central Bank Policy. International Centre for Monetary and Banking Studies, London, 2000.

[21] Charles Goodhart. What weight should be given to asset prices in the measurement of inflation. The Economic Journal, 2001(June): 335 ~ 356.

[22] Charles P. Kindleberger. Financial deregulation and economic performance : An attempt to relate European financial history to current LDC issues. Journal of Development Economics, 1987（27）: 339 ~ 353.

[23] Chirinko R and Schaller H. Business fixed investment and bubbles: The Japanese case. American Economic Review, 2001(91): 663 ~ 680.

[24] Christopher Kent and Philip Lowe. Asset price bubbles and monetary policy. Research Discussion Paper, 1997(9709).

[25] Cogley T. Should the Fed take deliberate steps to deflate asset price bubbles? Federal Reserve Bank of San Francisco Economic Review, 1999:42 ~ 52.

[26] Conover M, Jensen G. R, Johnson R. R. Monetary environments and international stock returns. Journal of Banking and Finance, 1999(23): 1357 ~ 1381.

[27] Cooper, 1974 R.V.L. Cooper, Efficient capital markets and the quantity theory of money, Journal of Finance 19 (1974), pp. 887 ~ 908. Full Text via CrossRef.

[28] Crockett A.The Theory and Practice of Financial Stability.Essays in International Finance No.203, April,1997.

[29] Darrat, 1988 A.F. Darrat, On fiscal policy and the stock market, Journal of Money Credit and Banking 20 (3) (1988), pp. 353 ~ 363. Full Text via CrossRef.

[30] Darrat, 1990 A.F. Darrat, Stock returns, money and fiscal deficits, Journal of Financial and Quantitative Analysis 25 (3) (1990), pp. 387 ~ 398. Full Text via CrossRef.

[31] Dickey and Fuller, 1987 D.A. Dickey and W.A. Fuller, Distribution of the estimators for autoregressive time series with a unit root, Journal of the American Statistical Association 74 (1987), pp. 427 · 431.

[32] Dupor W and Conley T. The Fed response to equity prices and inflation. American Economic Review Papers and Proceedings, 2004(94): 24 ~ 28.

[33] ECB. Asset prices and banking stablity. ECB Report,2000.

[34] Ehrmann and Fratzscher, 2004 Ehrmann, M., & Fratzscher, M. (2004). Taking stock: Monetary policy transmission to equity markets. European Central Bank Working

Paper No. 354.

[35] Eva Hupkes, Marc Quintyn, Michael W. Taylor. The accountability of financial sector supervisors: principles and practice. IMF Working Paper 51, 2005.

[36] Evans, 1985 P. Evans, Do large deficits produce high interest rates?, American Economic Review 75 (1) (1985), pp. 68 ~ 87.

[37] Evans, 1987a P. Evans, Interest rates and expected future budget deficits in the United States, Journal of Political Economy 95 (1987), pp. 34 · 58. Full Text via CrossRef.

[38] F. S. Miskin. Asymmetric information and financial crises: A historical perspective. NBER Working Paper, 1991.

[39] Fama and Schwert, 1977 E.F. Fama and G.W. Schwert, Asset returns and inflation, Journal of Financial Economics 5 (1977), pp. 115 ~ 146. Abstract | View Record in Scopus | Cited By in Scopus (314).

[40] Fama, 1990 E.F. Fama, Stock returns, expected returns, and real activity, Journal of Finance 45 (1990), pp. 1089 · 1108. Full Text via CrossRef.

[41] Fernando Alvarez, Urban J. Jermann. Using asset prices to measure the cost of business cycles. Journal of Political Economy, 2004(112): 1223 ~ 1256.

[42] Field. Asset Exchanges and the Transactions Demand for Money , 1919 ~ 29. American Economic Review ,Vol . 74 No. 1, 1984.

[43] Filardo. Monetary policy and asset prices. Economic Review, 2000, Third Quarter: 11 ~ 37.

[44] Forrest Capie, Geoffrey Wood. Asset Price and Real Economy.Macmillan Press LTD, 1997.

[45] Frankle Allen. Financial structure and financial crisis. International Review of Finance, 2001(2):1 ~ 19.

[46] Franklin Allen and Douglas Gale. Optimal currency crises. Carnegie–Rochester Conference Series on Public Policy, 2000(53): 177 ~ 230.

[47] Frederic S. Mishkin. Lessons from the Asian crisis. Journal of International Money and Finance，1999（18）: 709 ~ 723.

[48] Frederic S. Mishkin. The transmission mechanism and the role of asset prices in monetary policy. NBER Working Paper No.8617, 2001.

[49] Friedman. Money and the stock market. Journal of Political Economy, Vol . 96 No. 2, 1988.

[50] Gale, William and Sabelhaus. 1999.Perspectives on the Household Saving Rate." Brooking Papers on Economic Activity.

[51] Garry J. Schinasi. Defining financial stability. IMF Working Paper 187, 2004.

[52] Geske and Roll, 1983 R. Geske and R. Roll, The fiscal and monetary linkage between stock returns and inflation, Journal of Finance 38 (1983), pp. 7 ~ 33.

[53] Gilchrist, Leahy. Monetary policy and asset prices. Journal of Monetary Economics, 2002(49): 75 ~ 97.

[54] Giovanni Dell' Ariccia, Enrica Detragiache, Raghuram Rajan. The Real Effect of Banking Crises. IMF Working Pape 63, 2005.

[55] Goetz von peter.A Unified Approach to Credit Crunches,Financial Instability and Banking crises.Working paper in Columbia University.November 2003.

[56] Goodhart C, Hofmann B. Financial variables and the conduct of monetary policy. Sveriges Riksbank Working Paper 12, 2000.

[57] H.J.Smoluk, Raymond P. Neven. Consumption and asset prices—An analysis across income groups, Review of Financial Economics， 2002(11):47 ~ 62.

[58] Hancock, 1989 D.G. Hancock, Fiscal policy, monetary policy and the efficiency of the stock market, Economics Letters 31 (1989), pp. 65 ~ 69. Abstract | View Record in Scopus | Cited By in Scopus (4).

[59] Hoelscher, 1986 G.P. Hoelscher, New evidence on deficits and interest rates, Journal of Money, Credit, and Banking 18 (1986), pp. 1 ~ 17. Full Text via CrossRef.

[60] Hutchison, Mc−Dill. Are all banking crises alike? The Japanese experience in international comparison. NBER Working Paper 7253, 1999.

[61] IMF(2000). Asset Prices and the Business Cycle, World Economic Outlook, Chp.3, 2000.

[62] Jeremy J. Siegel. What is an asset price bubble? An operational definition. European Financial Management, 2003(9): 11 ~ 24.

[63] Joao F. Gomes, Amir Yaron, Lu Zhang. Asset prices and business cycles with costly external finance. Review of Economic Dynamics, 2003(6): 767 ~ 788.

[64] John Vickers. Monetary policy and asset prices. The Manchester School Supplement 2000: 1 ~ 22.

[65] Joseph E. Stiglitz and Andrew Weiss, "Credit Rationing in Markets with Imperfect Information" , American Economic Review71(June 1981),393 ~ 410.

[66] Kaminsky, Reinhart. Leading indicators of currency crises. IMF Staff Papers, 1998.

[67] Karen E. Dynan and Dean M. Maki,2001, Does Stock Market Wealth Matter for Consumption?,Working Papers.

[68] Laopodis, 2006 N.T. Laopodis, Dynamic interactions among the stock market, federal funds rate, inflation, and economic activity, The Financial Review 41 (4) (2006), pp. 513 ~ 545. Full Text via CrossRef.

[69] Lars E. O. Svensson. Monetary policy and real stabilization. NBER Working Paper 9486, 2003.

[70] Laubach, 2003 Laubach, T. (2003). New evidence on the interest rate effects of budget deficits and debt. Federal Reserve Board. Finance and Economics Discussion Series No. 2003–12.

[71] Lawrence H. Summers. International financial crises: causes, prevention, and cures. The American Economic Review, 2000(5):1 ~ 16.

[72] Ludvigson, S., and C. Steindel, 1999,How Important Is the Stock Market Effect on Consumption.

[73] McCallum B. Solutions to linear rational expectations models: a compact exposition. Economic Letters, 1998(61): 143 ~ 147.

[74] Mishkin, 2001 Mishkin, F.S. (2001). The transmission mechanism and the role of asset prices in monetary policy. NBER Working Paper 8617.

[75] Nan–Kuang Chen. Bank net worth, asset prices and economic activity. Journal of Monetary Economics, 2001(48): 415 ~ 436.

[76] Nuno Cassola, Claudio Morana. Monetary policy and the stock market in the euro area. Journal of Policy Modeling, 2004(26):387 ~ 399.

[77] Pascal Francois, Erwan Morellec. Capital structure and asset prices: some effects of bankruptcy procedures. Journal of Business, 2004(77): 387 ~ 411.

[78] Potorba, James and Lavvrenee Summers; 1998, Mean Reversion in Stock Returns: Evidence and Implications, J. of Fin. Econ, 22, P27 ~ 60.

[79] Richard C.K.Burdekin, Marc D. Weidenmier. Suppressing asset price inflation: the confederate experience,1861—1865. NBER Working Paper 9230, 2002.

[80] Rigobon R, Sack B. The impact of monetary policy on asset prices. NBER Working Paper No.8794, 2002.

[81] Shiratsuka, Shigenori. Asset Price Fluctuations and Price Indices. Institute for

Monetary and Economic Studies, Bank of Japan, Discussion Paper, 1999: No. 99−E−21.

[82] Simon Gilchrist, Masashi Saito. Expectations, asset prices, and monetary policy: the role of learning. NBER Working Paper 12442.

[83] Stefan Gerlach, Wensheng Peng. Banking lending and property prices in Hong Kong. Journal of Banking and Finance, 2005(29):461 ~ 481.

[84] Stephan G. Cecchetti, Hans Genberg and Sushil Wadhwani. Asset price in a flexible inflation targeting framework. NBER Working Paper No.8970, 2002.

[85] Thomas I.Palley. Asset−based reserve requirements: reasserting domestic monetary control in an era of financial innovation and instability. Review of Political Economy, 2004 Vol.16: 43 ~ 58.

[86] Thorbecke, 1997 W. Thorbecke, On stock market returns and monetary policy, Journal of Finance 52 (2) (1997), pp. 635・654. Full Text via CrossRef | View Record in Scopus | Cited By in Scopus (90).

[87] Tobin, 1969 J. Tobin, A general equilibrium approach to monetary theory, Journal of Money, Credit, and Banking 1 (1969), pp. 15・29. Full Text via CrossRef.

[88] Vefa Tarhan. Does the federal reserve affect asset prices? Journal of Economic Dynamics and Control 1995(19):1199 ~ 1222.

[89] Walsh C. Monetary Theory and Policy. Cambridge, MA: The MIT Press, 1998.

[90] Willem Thorbecke. Budget deficits, inflation risk, and asset prices. Journal of International Money and Finance, 2002(21):539 ~ 553.

[91] Wynne, Mark A. Monetary Policy and Asset Prices. Bank of England Quarterly Bulletin, 1999, vol. 39 (4), November, pp. 428 ~ 435.

[92] Zeeman, E. Christopher, On the Unstable Behavior of the Stock Exchanges,Journal of Mathematical Economics 1:1, 1974,pp. 39 ~ 44.

[93] Zhou, 1996 C. Zhou, Stock market fluctuations and the term structure, Federal Reserve Board, Federal Reserve, Washington, DC (1996).

后记

在现代市场经济发展的历史进程中，每一次经济危机或金融危机的爆发往往同资产价格的大幅波动紧密联系在一起。对于股票、房地产等资产价格波动是否应成为宏观政策的调控对象，一直以来是一个广为关注的话题，也是一个争论颇多的问题。支持的观点认为，在经济危机时期，政府应采取措施以帮助恢复市场信心，保护投资者利益，并避免传染效应而导致系统性金融风险；反对的观点则认为，政府干预会破坏市场作用的发挥，强化“政策市”的路径依赖，鼓励投机，并导致恶性循环。对这一问题，应辩证来看。从历次金融危机的经验教训来看，资产价格出现非正常波动时，政府及时出台政策激发市场活力，增强市场流动性，保障投资者的利益是职责所在，是非常必要的，美国在吸取 1929 年股灾救助不力引发大萧条的教训后，每逢股灾发生都会大力挽救，就是一个很好的例证。但同时，宏观政策应将资产价格波动作为监测目标，但不应成为直接调控的对象。政府出台措施的着眼点和立足点应定位于恢复市场信心，维护市场主体的良性运行，防范跨市场风险蔓延，避免系统性风险，而不是去直接将目光顶住资产价格的涨涨跌跌。

因此，资产价格波动与政策的关系问题，是一个非常有意义而且非常有意思的话题，也是我一直关注的一个课题。我的博士论文探讨的就是股票价格与货币政策及金融稳定的关系，本书则是在我博士后出站报告的基础上整理而成的，与我的博士期间的研究保持了延续性。

2009 年，我怀着崇敬的心情，步入我国财政领域的最高殿堂——财政部财政科学研究所，在著名经济学家贾康研究员的指导下，开始了财政学的研工作。贾老师严谨的治学态度、渊博的知识、创新的思维和高尚的人格让我领略到了学者的风范与大家的气魄，这深深影响了我，并将使我受益终身。博士后出站报告的完成，得到了老师的悉心指导，无论是从整体上的课题选择、谋篇布局，还是在微观上的逻辑关系及措辞表达等方面，老师都给予了非常宝贵的意见。在此，谨向贾康老师表示衷心的感谢和崇高的敬意！

在从事博士后研究工作期间，李全博士、刘军民博士、陈龙博士、满莉博士以及财科所诸位同门也给了我诸多的帮助和建议，在此一并致以最诚挚的谢意。我要特别感谢我的师妹李玲和樊轶霞的鼓励与支持，很多观点是在同她们的交流中形成的。感谢苏京春师妹给予的很多无私帮助，使我省去了很多往返奔波的时间。

本书得以顺利问世，要感谢山西经济出版社社长孙志勇先生和常务副总编辑张宝东先生的大力支持。责任编辑任冰老师对本书进行了认真的审读。对于他们为本书的出版所付出的辛勤劳动深表谢意！